国家社科基金重大项目

新疆丝路南道所遗存非汉语文书释读与研究（12&ZD179）

系列出版物

主　编：段　晴

General Editor: DUAN Qing

编委：才洛太　侯世新　萨尔吉

叶少勇　于志勇　张化杰

Editorial Committee: TSHELOTHAR, HOU Shixin, SAERJI, YE Shaoyong,

YU Zhiyong, ZHANG Huajie

上海出版资金项目

国家古籍整理出版资助项目
上海新闻出版专项资金资助项目

梵文贝叶经与佛教文献系列丛书 ⑦
Series of Sanskrit Manuscripts & Buddhist Literature 7

北京大学赛克勒考古与艺术博物馆藏梵文文书

Sanskrit Manuscripts Preserved in the Arthur M.Sackler Museum of Art and Archaeology at Peking University

萨尔吉
SAERJI

中西書局

图书在版编目（CIP）数据

北京大学赛克勒考古与艺术博物馆藏梵文文书 / 萨尔吉著．—上海：中西书局，2020
ISBN 978-7-5475-1737-6

Ⅰ．①北… Ⅱ．①萨… Ⅲ．①梵语－佛教－文献－研究 Ⅳ．①B948

中国版本图书馆CIP数据核字(2020)第215865号

本书属于“十三五”国家重点图书出版规划项目

北京大学赛克勒考古与艺术博物馆藏梵文文书

萨尔吉 著

责任编辑	刘寅春
封面设计	梁业礼
出版发行	上海世纪出版集团 中西書局（www.zxpress.com.cn）
地　　址	上海市陕西北路457号（邮编　200040）
印　　刷	上海天地海设计印刷有限公司
开　　本	889×1194毫米　1/16
印　　张	7.25
字　　数	171 000
版　　次	2020年12月第1版　2020年12月第1次印刷
书　　号	ISBN 978-7-5475-1737-6/H·107
定　　价	98.00元

本书如有质量问题，请与承印厂联系。电话：021-64366274

目　录

CONTENTS

前言 001

缩略语 ABBREVIATIONS 001

转写凡例 CONVENTIONS 001

图版 PLATES 001

二万五千颂般若波罗蜜多经（*Pañcaviṃśatisāhasrikā Prajñāpāramitā*） 001

妙法莲华经（*Saddharmapuṇḍarīkasūtra*） 021

首楞严三昧经（*Śūraṅgamasamādhi-nāma-mahāyānasūtra*） 043

决定义经（*Arthaviniścaya-nāma-dharmaparyāya*） 050

出生无边门陀罗尼经（*Anantamukhanirhāra-dhāraṇī*） 054

大寒林圣难拏陀罗尼经（**Mahādaṇḍa-nāma-dhāraṇī*） 057

内容不明残叶 061

参考文献 065

前　言

PREFACE

20世纪以降，大量佛教写本在中国新疆、克什米尔、阿富汗等历史上佛教流行区域陆续被发现。对这些写本的比定、校勘、研究工作也使佛教学研究取得重要突破，大大推进了我们对佛教思想传播的整体认识。新疆发现的佛教写本早年流失海外者为多，多数现存国外各大博物馆、图书馆，近一个世纪过去，对写本的比定、校勘、研究工作还未完全完成。20世纪末21世纪初的最初十年，仍然陆续有佛教写本出土自新疆地区。一些民间藏写本也通过各种渠道有幸得到国家图书馆、省级博物馆的妥善收藏。以段晴教授作为首席负责人的北京大学学术研究团队陆续开展了对这些新发现的写本残卷的释读研究。2012年，北京大学考古文博学院赛克勒考古与艺术博物馆入藏了一批来自新疆和田地区的非汉语类文书，主要是佛教写本残叶。同年，北京大学外国语学院段晴教授领衔，与新疆文物考古研究所、新疆维吾尔自治区博物馆联合立项，拟对新疆当地旧藏，以及近些年发现的古代非汉语类西域文书做全面整理和释读，该项目获得国家社科基金重大项目资助，[①] 对赛克勒考古与艺术博物馆所藏非汉语类文书的整理释读是该重大项目的子课题之一。

本书是“新疆丝路南道所遗存非汉语文书释读与研究”项目的成果之一，以整理、释读赛克勒考古与艺术博物馆所藏非汉语类文书为主。文书共计35件，其中纸质文书28件，木牍文书7件。纸质文书中梵文佛经残叶17片，其余为于阗文残叶，以及两件粟特语世俗文书的残片；木牍文书中于阗文木牍6件，藏文简牍1件。梵文佛经残叶中有两件能两两缀合，1件能与新疆博物馆藏残叶缀合。

赛克勒考古与艺术博物馆所藏梵文佛经残叶除了内容未能比定的4件残片，其余的13件能与如下佛教典籍勘同：

1.《二万五千颂般若波罗蜜多经》(*Pañcaviṃśatisāhasrikā Prajñāpāramitā*)

2.《妙法莲华经》(*Saddharmapuṇḍarīkasūtra*)

3.《首楞严三昧经》(*Śūraṅgamasamādhi-nāma-mahāyānasūtra*)

---

① 项目名称：“新疆丝路南道所遗存非汉语文书释读与研究”，项目编号：12&ZD179。

4.《决定义经》(*Arthaviniścaya-nāma-dharmaparyāya*)

5.《出生无边门陀罗尼经》(*Anantamukhanirhāra-dhāraṇī*)

6.《大寒林圣难拏陀罗尼经》(**Mahādaṇḍa-nāma-dhāraṇī*)

项目初始,在北京大学考古文博学院宋向光老师和具体负责文书编目及保管的曹宏老师的帮助下,我们请到了首都博物馆的专业摄影师祁庆国先生对文书进行了高精度的拍摄,为后续的释读出版工作提供了极大便利,借此机会,我们向上述人士致以诚挚的谢意。在文书释读过程中,项目组成员在段晴教授的指导下,通力协作,为文书的比定、释读尽心尽力,北京大学梵文贝叶经与佛教文献研究所副教授叶少勇出力尤多,他不仅参与了文书的比定释读,还承担了诸多繁杂事宜。此外,北京大学梵文巴利文专业的博士生关迪、李灿也对文书的比定释读工作作出了重要贡献,关迪曾对其中的三件文书进行释读,李灿也曾比定出《首楞严三昧经》的残叶(未发表)。

作为北京大学梵文贝叶经与佛教文献系列丛书之一,本书的出版得到了上海中西书局的大力支持,在此我们表示衷心感谢。

缩略语

ABBREVIATIONS

Amdh (Tib)	*'Phags pa sgo mtha' yas pa sgrub pa zhes bya ba'i gzungs* (D no. 914, gzungs 'dus, e 244b6–254b7)
ARIRIAB	*Annual Report of the International Research Institute for Advanced Buddhology at Soka University* (Tokyo)
Arthav	*Arthaviniścaya-nāma-dharmaparyāya*, edited by N.H. Samtani, *Arthaviniścaya-sūtra and Its Commentary (Nibandhana) [written by Bhikṣu Vīraśrīdatta of Śrī-Nālandāvihara]*, Tibetan Sanskrit Works Series no. 13 (Patna 1971)
Arthav (Tib)	*Don rnam par nges pa zhes bya ba'i chos kyi rnam grangs* (D no. 317, mdo sde, sa 170b4–188a7)
CBETA	中华电子佛典协会（Chinese Buddhist Electronic Text Association）
D	德格版（sde dge）《藏文大藏经》。目录见：《西藏大藏経總目録 東北帝国大学藏版》，東北帝国大学法文学部，1934。
Mddh (Tib)	*'Phags pa be con chen po zhes bya ba'i gzungs* (D no. 606, rgyud 'bum, ba 37a2–39a4)
Mhś	*Mahāśītavatī,* edited by Yutaka Iwamoto, contained in: *Kleinere Dhāraṇī Texte*, Beiträge zur Indologie series no. 2 (Kyoto 1937), pp. 1–6.
PvsP	*Pañcaviṃśatisāhasrikā Prajñāpāramitā*, I-1, I-2, II-III, IV, V, VI-VIII, edited by Takayasu Kimura (Tokyo: Sankibo Busshorin, 1986–2009)
PvsP (Tib)	*Shes rab kyi pha rol tu phyin pa stong phrag nyi shu lnga pa* (D no. 9, shes phyin, kha 1b1–393a6; ga 1b1–381a5)
Śgs	*Śūraṅgamasamādhisūtra*
Śgs(Tib)	*'Phags pa dpa' bar 'gro ba'i ting nge 'dzin zhes bya ba theg pa chen po'i mdo* (D no. 132, mdo sde, da 253b5–316b6)
Śikṣ	*Śikṣāsamuccaya*, edited by Cecil Bendall, *Çikshāsamuccaya: A Compendium of*

	Buddhistic Teaching, Bibliotheca Buddhica no. 1, St. Petersburg, 1897–1902. (Reprinted in Delhi: Motilal Banarsidass, 1971)
SP (KN)	*Saddharmapuṇḍarīka*, edited by Hendrik Kern and Bunyiu Nanjio (Bibliotheca Buddhica 10. St. Petersbourg: Académie Imperiale des Sciences, 1908–1912)
SP (O)	The so-called Kashgar manuscript of the *Saddharmapuṇḍarīkasūtra*. Facsimile edition: *Saddharma-puṇḍarīka-sūtra, Kashgar Manuscript*, edited by Lokesh Chandra with a foreword by Heinz Bechert. Śata-Piṭaka Series 229. New Delhi, 1976. Transliteration: Toda 1983, 3–225.
SP (Tib)	*Dam pa'i chos padma dkar po zhes bya ba theg pa chen po'i mdo* (D no. 113, mdo sde, ja 1b1–180b7)
T	《大正新修大藏经》，依据CBETA电子版

转写凡例

CONVENTIONS

符号	表示意义
( )	重构的字
[ ]	受损严重的字或不确定的释读
‹ ›	抄手遗漏的字
« »	抄手插入的字
{ }	多余的字
+	一个缺失的字
..	一个无法辨识的字
.	无法辨识的字的一部分
///	残片断裂处的字的起止
*	*virāma*
’	*avagraha*,若写本中未用,则写作(’)
○	穿绳孔
◎	圆形装饰图案

标点

转写	原件
-	
·	或 •
:	
|	
||	

图　　版

PLATES

二万五千颂般若波罗蜜多经

一　赛克勒博物馆临时编号L 2012.0013　正面

图版1

一　赛克勒博物馆临时编号L 2012.0013　背面

图版2

二　赛克勒博物馆临时编号L 2012.0016　正面

图版3

二　赛克勒博物馆临时编号L 2012.0016　背面

图版4

三　赛克勒博物馆临时编号L 2012.0020　正面

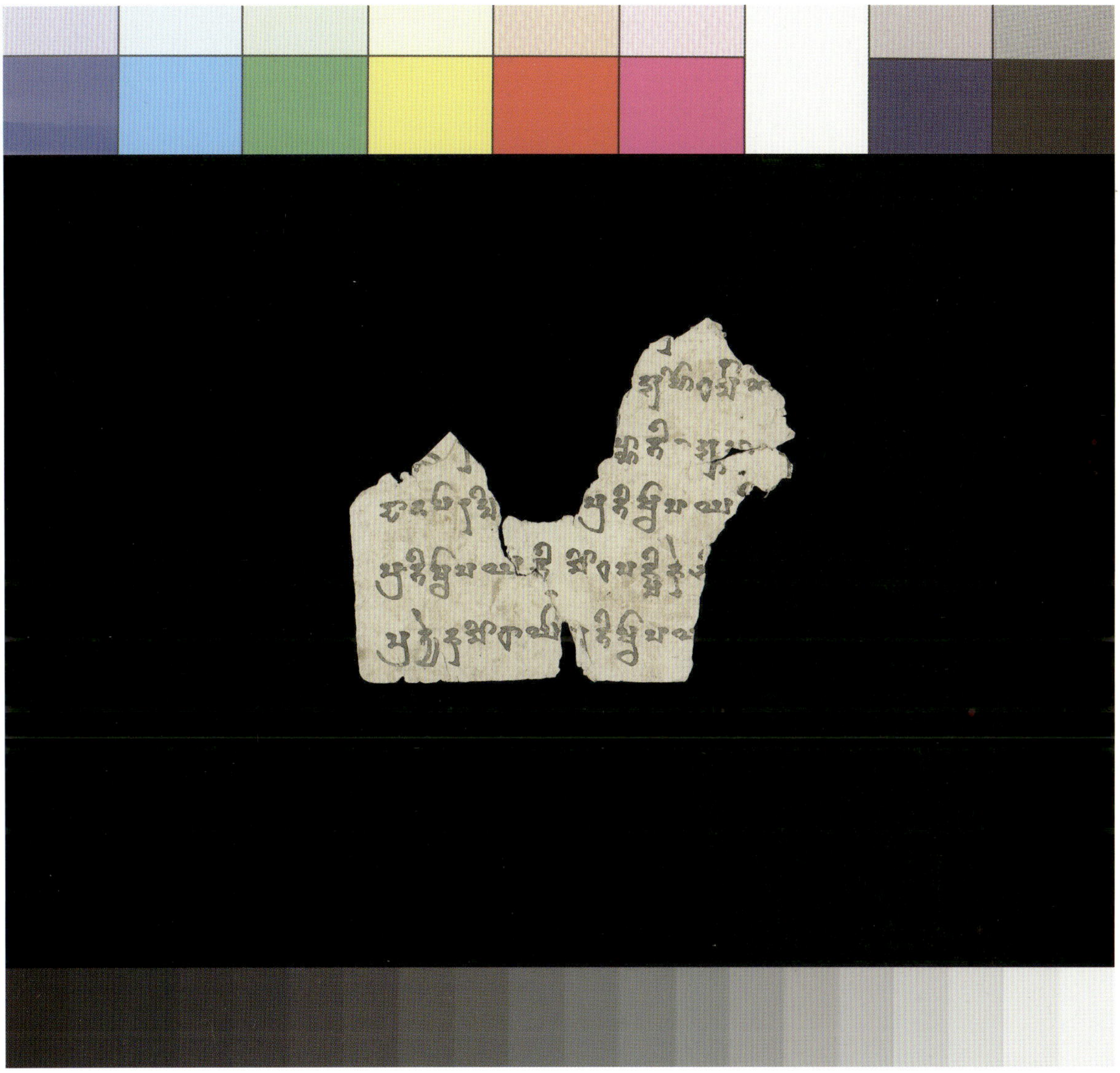

图版5

三　赛克勒博物馆临时编号L 2012.0020　背面

图版6

四　赛克勒博物馆临时编号L 2012.0021　正面

图版7

四　赛克勒博物馆临时编号L 2012.0021　背面

图版8

妙法莲华经

一　赛克勒博物馆临时编号L 2012.0025　正面

图版9

一　赛克勒博物馆临时编号L 2012.0025　背面

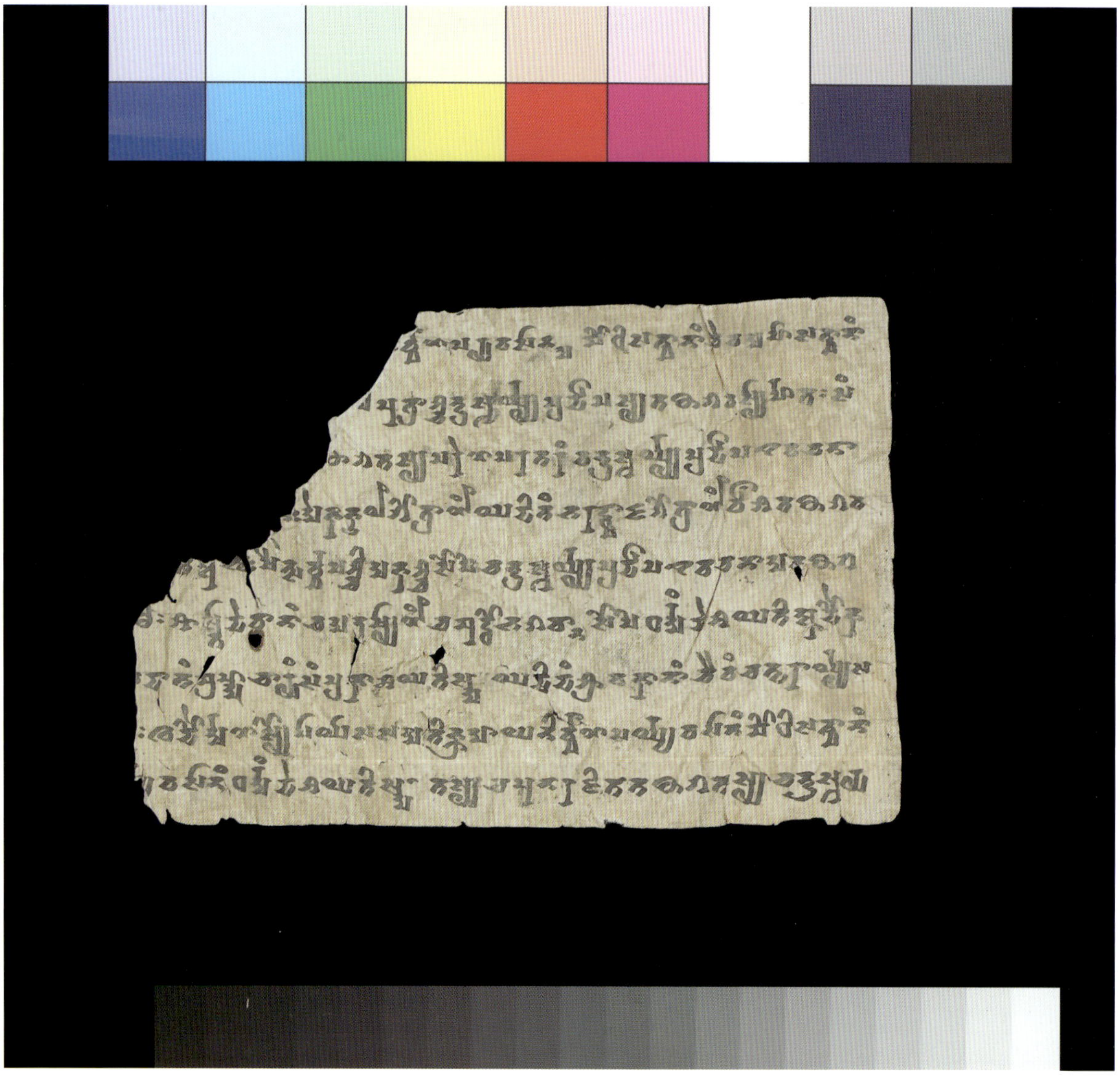

图版10

二　赛克勒博物馆临时编号L 2012.0017　正面

图版11

二　赛克勒博物馆临时编号L 2012.0017　背面

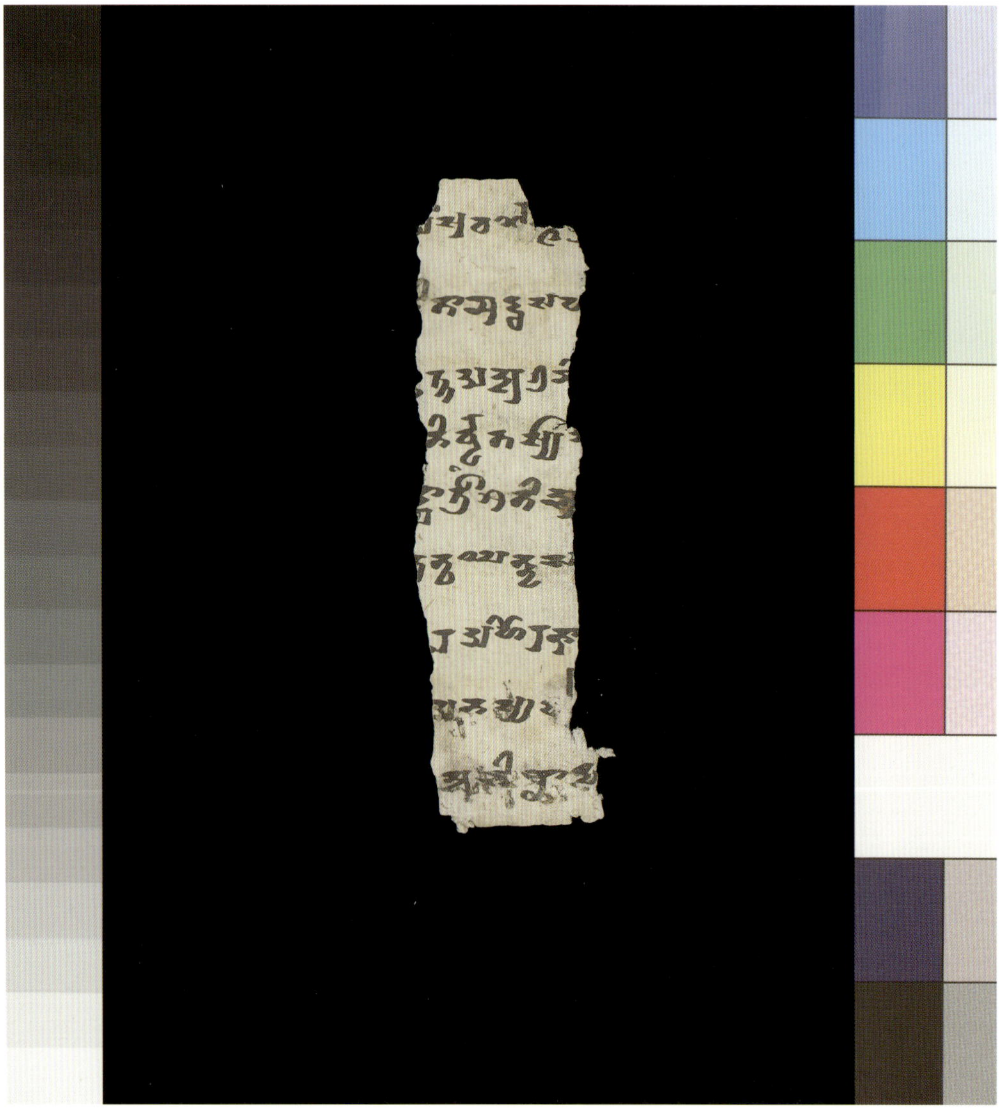

图版12

三　赛克勒博物馆临时编号 L 2012.0009 + L 2012.0010　正面

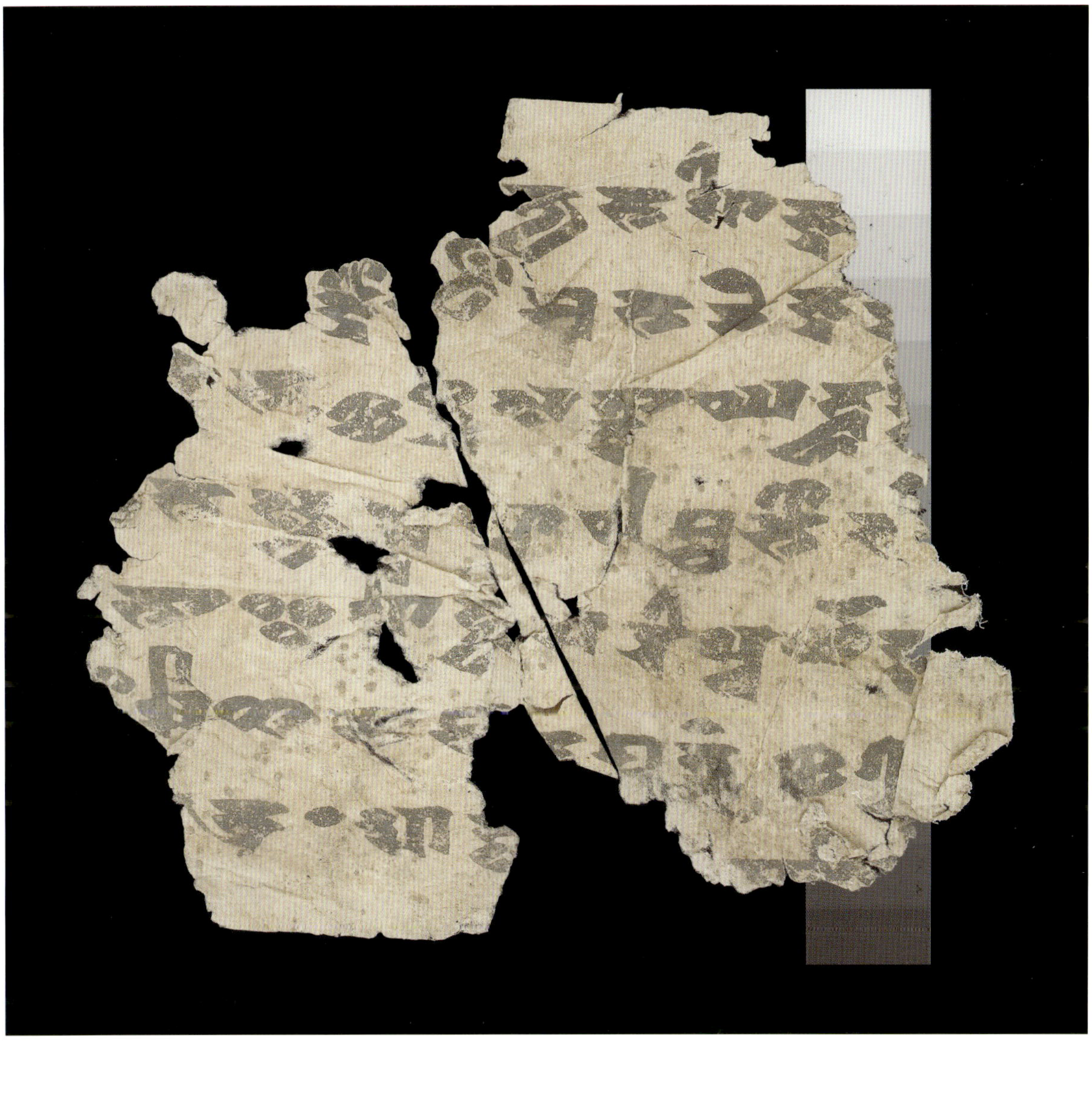

图版 13

三　赛克勒博物馆临时编号L 2012.0009 + L 2012.0010　背面

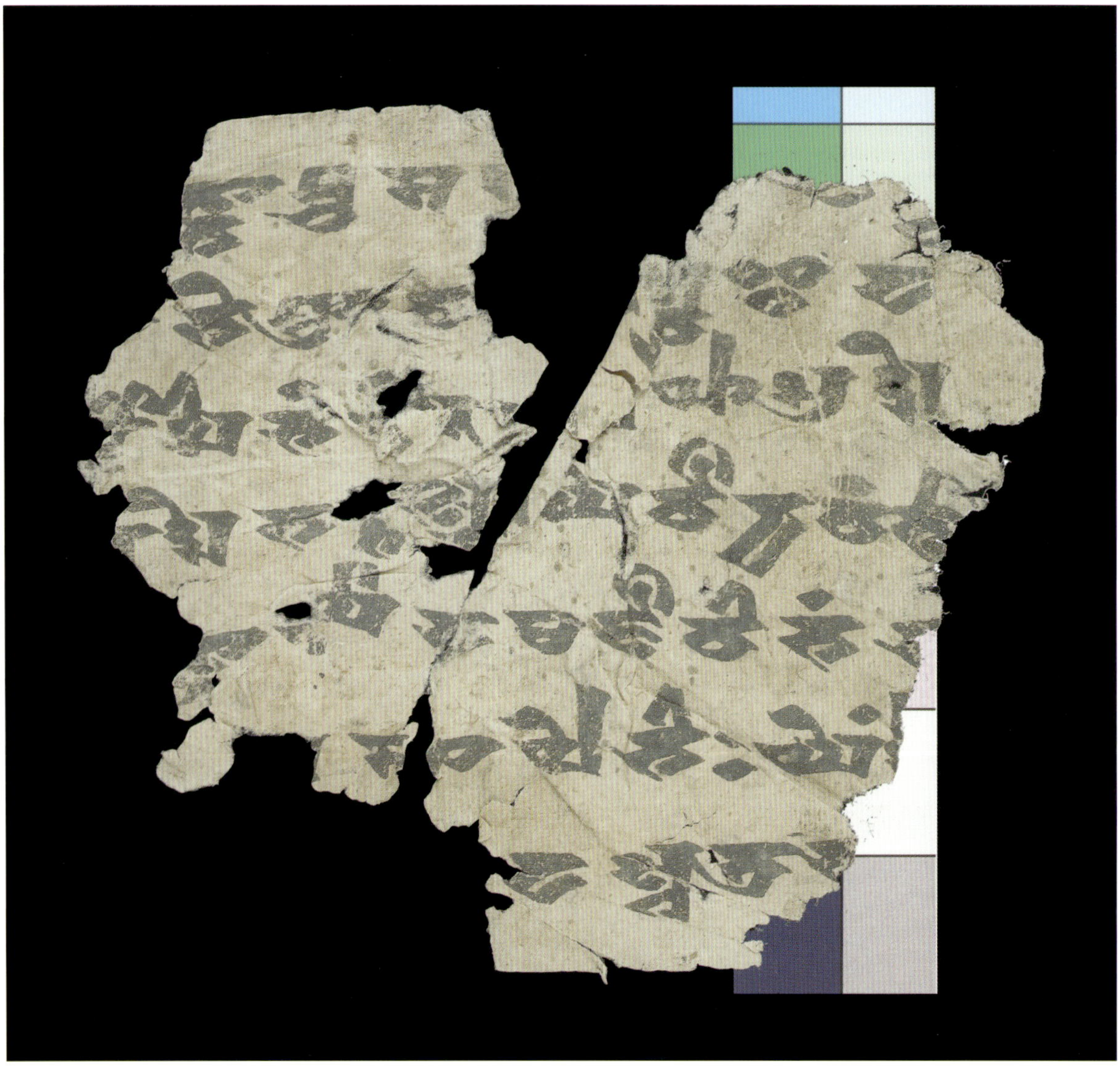

图版14

四　赛克勒博物馆临时编号L 2012.0019　正面

图版15

四　赛克勒博物馆临时编号L 2012.0019　背面

图版16

首楞严三昧经

一　赛克勒博物馆临时编号L 2012.0022　正面

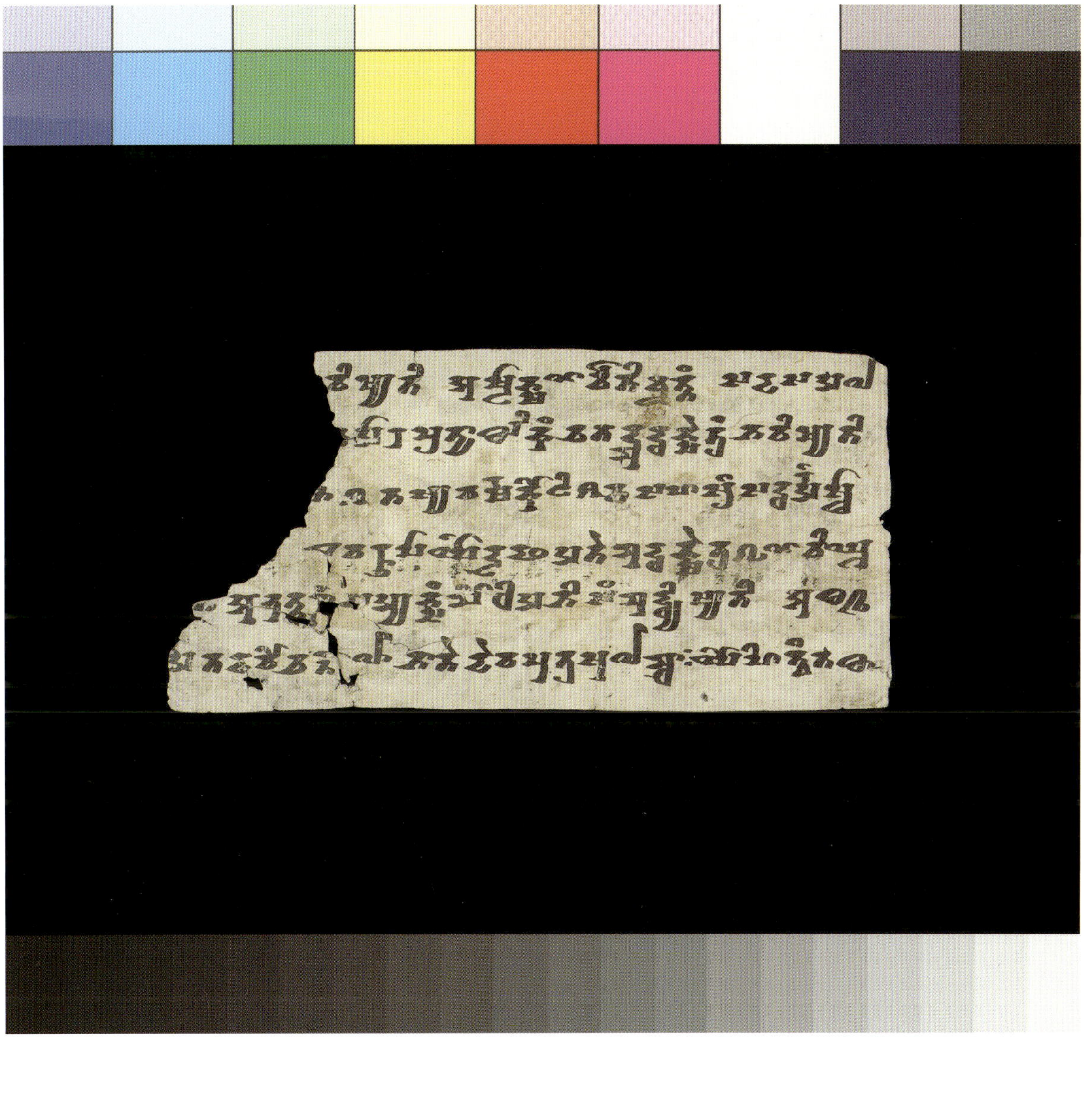

图版17

一　赛克勒博物馆临时编号L 2012.0022　背面

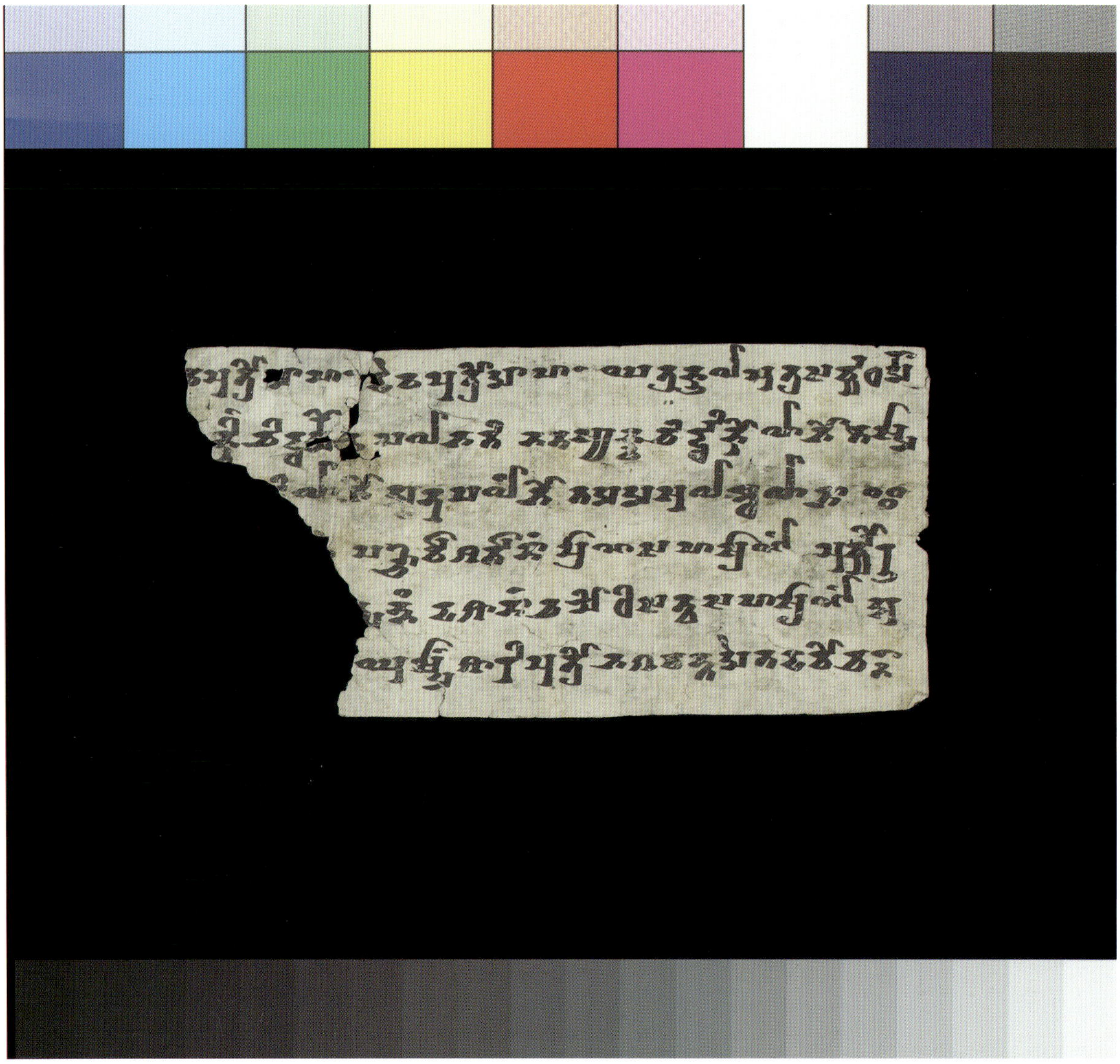

图版18

二　赛克勒博物馆临时编号L 2012.0026　正面

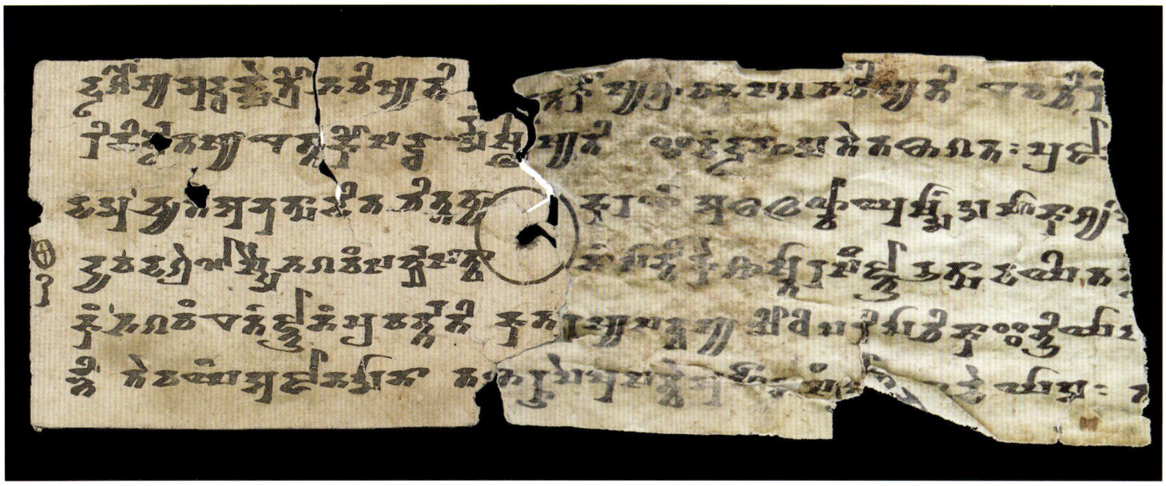

图版19

二　赛克勒博物馆临时编号L 2012.0026　背面

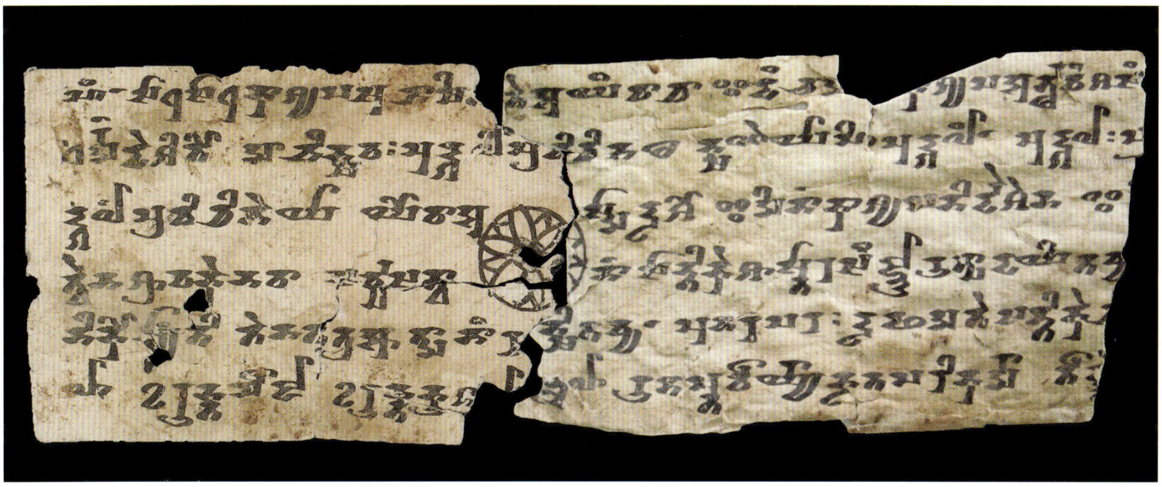

图版20

决 定 义 经

赛克勒博物馆临时编号L 2012.0023　正面

图版21

赛克勒博物馆临时编号L 2012.0023　背面

图版22

出生无边门陀罗尼经

赛克勒博物馆临时编号L 2012.0018　正面

图版23

赛克勒博物馆临时编号L 2012.0018　背面

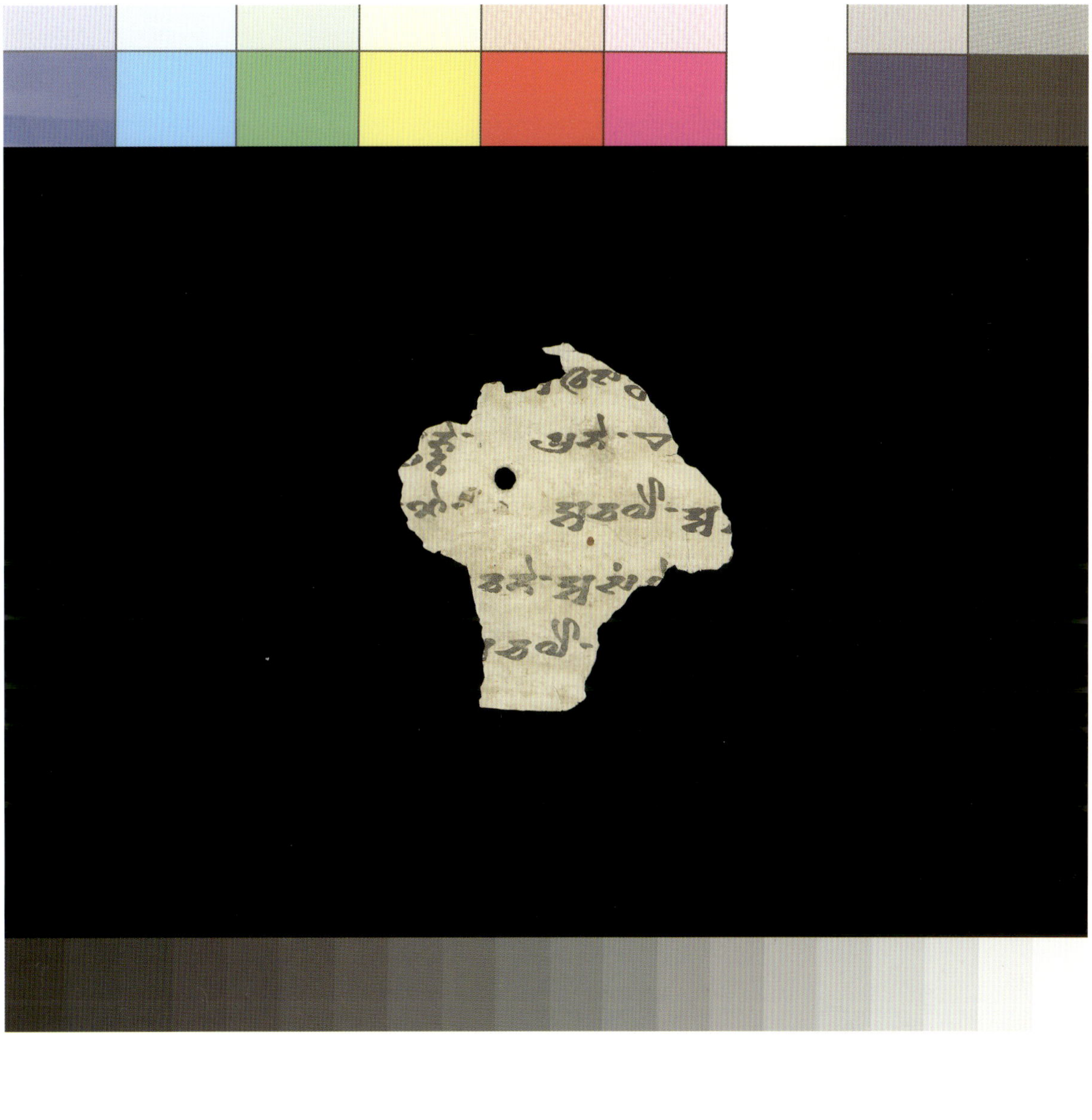

图版24

大寒林圣难拏陀罗尼经

赛克勒博物馆临时编号L 2012.0024　正面

图版25

赛克勒博物馆临时编号L 2012.0024　背面

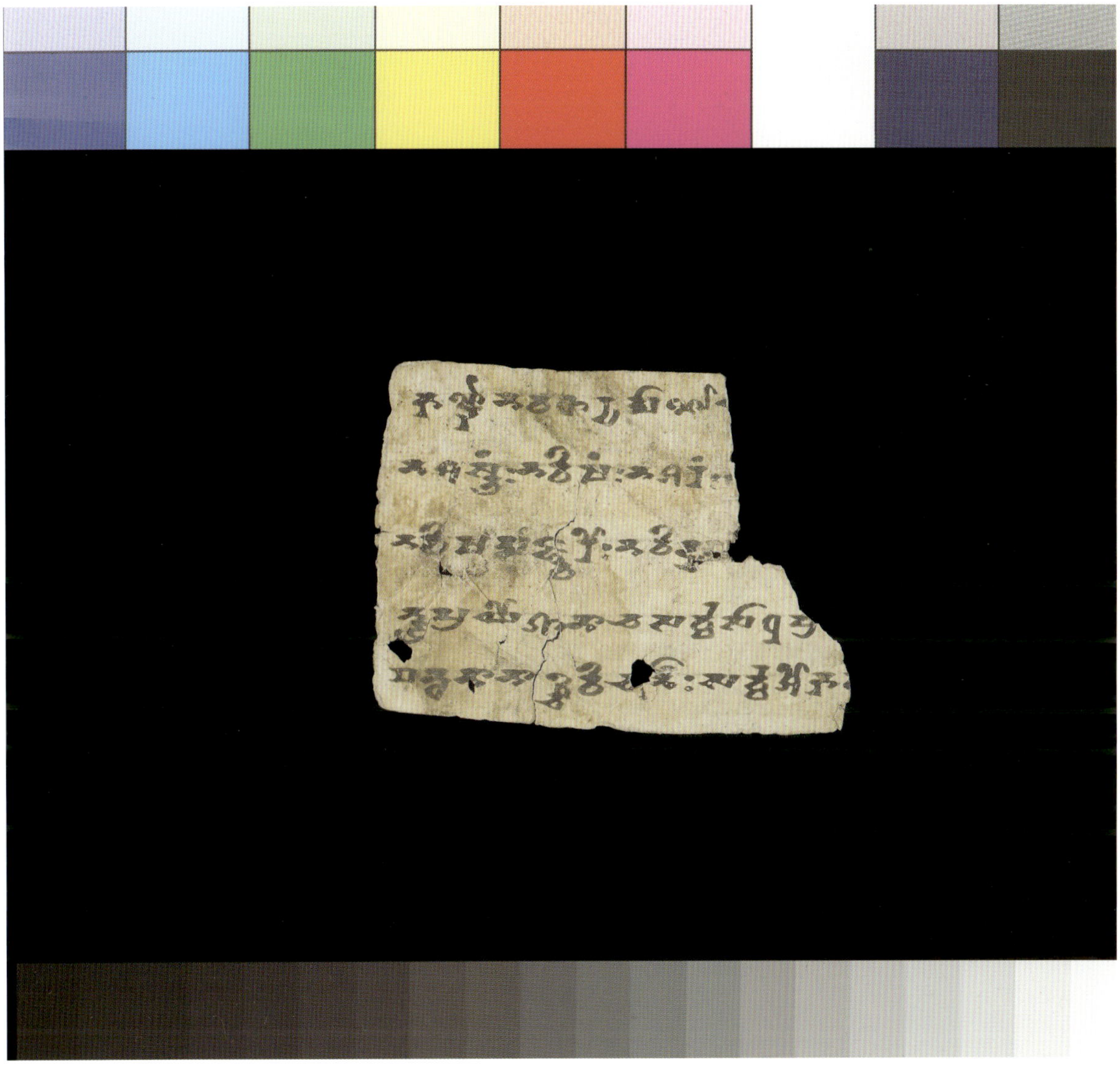

图版26

内容不明残叶

一　赛克勒博物馆临时编号L 2012.0007　A面

图版27

一　赛克勒博物馆临时编号L 2012.0007　B面

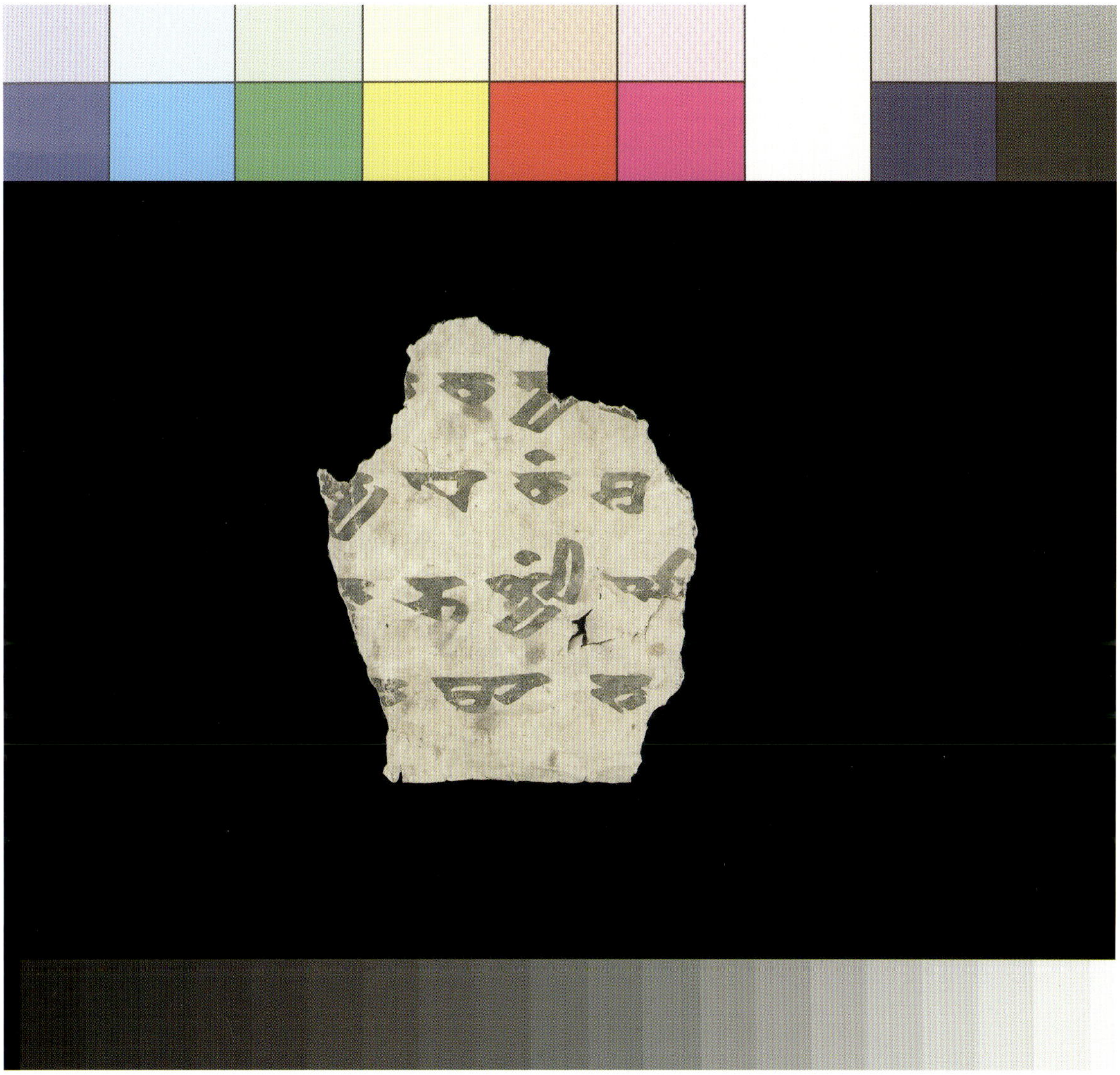

图版28

二　赛克勒博物馆临时编号L 2012.0011　A面

图版29

二　赛克勒博物馆临时编号L 2012.0011　B面

图版30

三　赛克勒博物馆临时编号L 2012.0014　A面

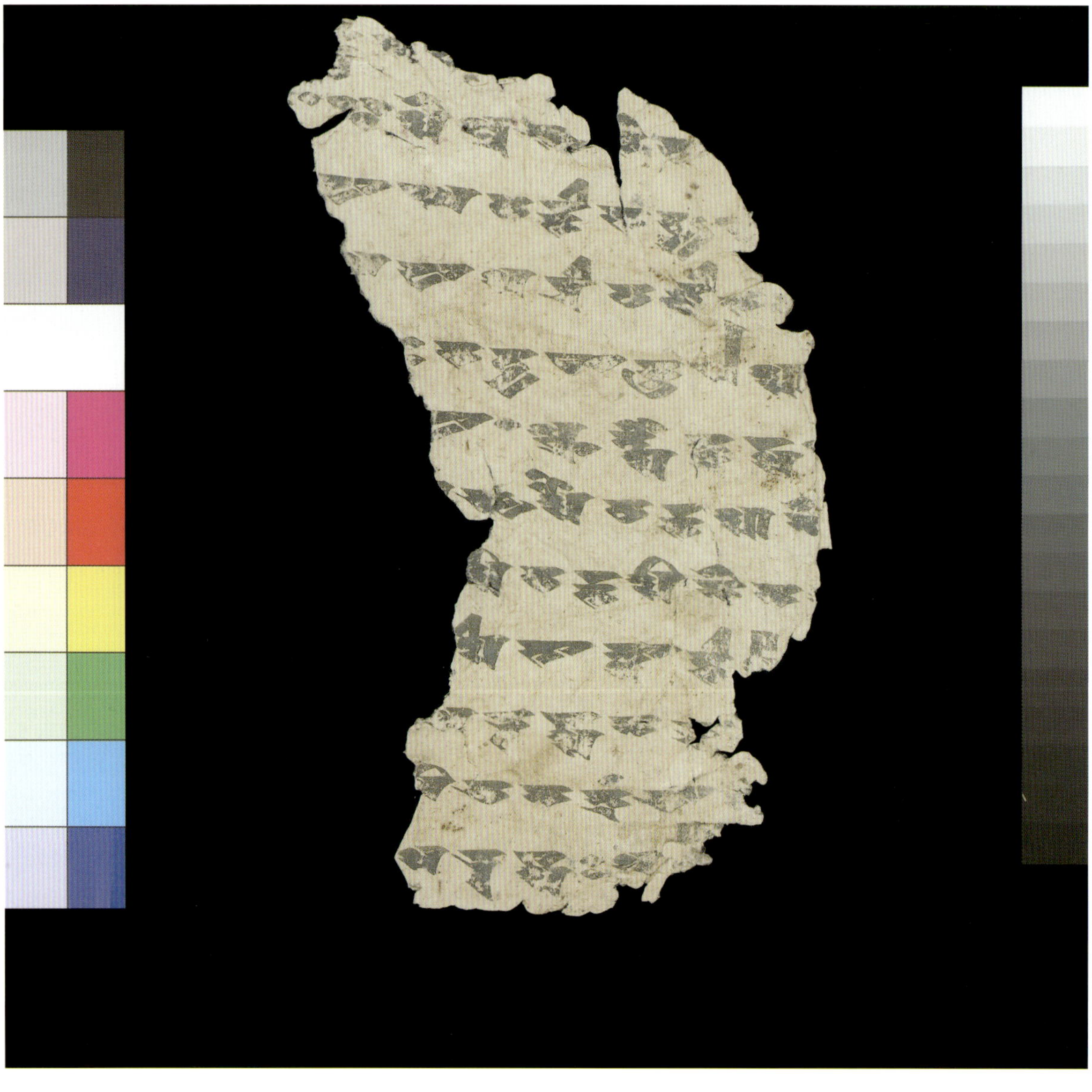

图版31

三　赛克勒博物馆临时编号L 2012.0014　B面

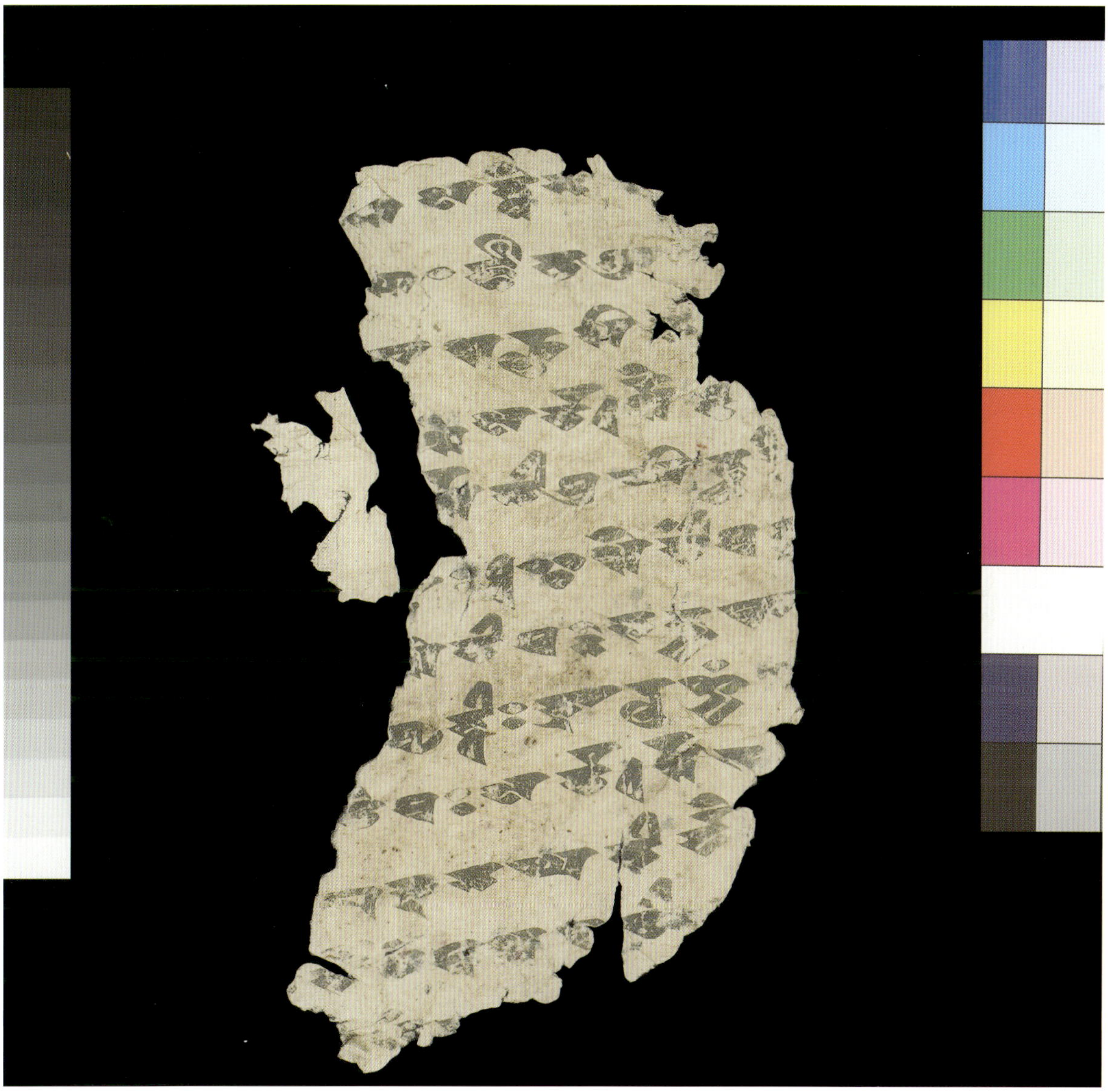

图版32

四　赛克勒博物馆临时编号L 2012.0015　A面

图版33

四　赛克勒博物馆临时编号L 2012.0015　B面

图版34

二万五千颂般若波罗蜜多经
Pañcaviṃśatisāhasrikā Prajñāpāramitā

一（赛克勒博物馆临时编号 L 2012.0013）

平行文本：PvsP II-III 47.18−49.15

正面

1 /// yāṃ pravarniṣyati・[kṣ]ānti[pā]ramitā ///

2 /// .. rāṃś ca yāva prajñāpāra .. .. .ā .. ///

3 /// .. mitāyāṃ prava[r]n[i]ṣyati .. .. ///

4 /// .[ya]ti・parāṃś c(ā)dhyātmaśū[nya] .. + ///

5 /// + ... [dhyātma]śū[ny](a)śūnyatām bh[ā] ///

6 /// .. yāva[d a]bhāvasvabhā .. .. ///

7 /// + + s(v)a(bhā)vaśū .. + ///

PvsP II-III 47.9–48.11

parāṃś ca kṣāntipāramitāyāṃ pratiṣṭhāpayiṣyati, kṣāntipāramitāyāś ca varṇaṃ bhāṣīṣyate, ye 'pi cānye kṣāntipāramitāyāṃ caranti teṣām api varṇavādī bhaviṣyati samanujñaḥ. ātmanā ca vīryapāramitāyāṃ pratiṣṭhito bhaviṣyati, parāṃś ca vīryapāramitāyāṃ pratiṣṭhāpayiṣyati, vīryapāramitāyāś ca varṇaṃ bhāṣiṣyate, ye 'pi cānye vīryapāramitāyāṃ caranti teṣām api varṇavādī bhaviṣyati samanujñaḥ. ātmanā ca dhyānapāramitāyāṃ pratiṣṭhito bhaviṣyati, parāṃś ca dhyānapāramitāyāṃ pratiṣṭhāpayiṣyati, dhyānapāramitāyāś ca varṇaṃ bhāṣiṣyate, ye 'pi cānye dhyānapāramitāyāṃ caranti teṣām api varṇavādī bhaviṣyati samanujñaḥ. ātmanā ca prajñāpāramitāyāṃ pratiṣṭhito bhaviṣyati, parāṃś ca prajñāpāramitāyāṃ pratiṣṭhāpayiṣyati, prajñāpāramitāyāś ca varṇaṃ bhāṣiṣyate, ye 'pi cānye prajñāpāramitāyāṃ caranti teṣām api varṇavādī bhaviṣyati samanujñaḥ. ātmanā cādhyātmaśūnyatāyāṃ pratiṣṭhito bhaviṣyati, parāṃś cādhyātmaśūnyatāyāṃ pratiṣṭhāpayiṣyati, adhyātmaśūnyātāyāś ca varṇaṃ bhāṣiṣyate. ye 'pi cānye 'dhyātmaśūnyatāṃ bhāvayanti teṣām api varṇavādi bhaviṣyati samanujñaḥ. ātmanā ca bahirdhāśūnyatāyāṃ pratiṣṭhito bhaviṣyati, parāṃś ca bahirdhāśūnyatāyāṃ pratiṣṭhāpayiṣyati, bahirdhāśūnyatāyāś ca varṇaṃ bhāṣiṣyate, ye 'pi cānye bahirdhāśūnyatāṃ bhāvayanti teṣām api varṇavādī bhaviṣyati samanujñaḥ. ātmanā cādhyātmabahirdhāśūnyatāyāṃ pratiṣṭhito bhaviṣyati, parāṃś cādhyātmabahirdhāśūnyatāyāṃ pratiṣṭhāpayiṣyati, adhyātmabahirdhāśūnyatāyāś ca varṇaṃ bhāṣiṣyate, ye 'pi cānye 'dhyātmabahirdhāśūnyatāṃ bhāvayanti teṣām api varṇavādī bhaviṣyati samanujñaḥ. ātmanā ca yāvad abhāvasvabhāvaśūnyatāyāṃ pratiṣṭhito bhaviṣyati, parāṃś cābhāvasvabhāvaśūnyatāyāṃ pratiṣṭhāpayiṣyati, abhāvasvabhāvaśūnyatāyāś ca varṇaṃ bhāṣiṣyate, ye 'pi cānye 'bhāvasvabhāvaśūnyatāṃ bhāvayanti teṣām api varṇavādī bhaviṣyati samanujñaḥ.

PvsP(Tib) kha 63a3–7

bdag kyang tshul khrims kyi pha rol du phyin pa dang | brtson 'grus kyi pha rol du phyin pa dang | bsam gtan gyi pha rol du phyin pa dang | shes rab kyi pha rol du phyin pa 'jug par 'gyur ro || gzhan yang shes rab kyi pha rol du phyin pa la yang dag par skul bar 'gyur | shes rab kyi pha rol du phyin pa'i legs pa rjod par 'gyur | gzhan yang shes rab kyi pha rol du phyin pa la 'jug na yang de dag gi legs pa rjod cing rjes su dga' bar 'gyur ro || bdag kyang nang stong pa nyid sgom par 'gyur | gzhan yang nang stong pa nyid sgom pa la yang dag par skul bar 'gyur | nang stong pa nyid kyi legs pa rjod par 'gyur | gzhan nang stong pa nyid sgom na yang de dag gi legs pa rjod cing rjes su dga' bar 'gyur ro || bdag kyang dngos po med pa'i ngo bo nyid stong pa nyid bar du sgom par 'gyur | gzhan yang dngos po med pa'i ngo bo nyid stong pa nyid la yang dag par skul bar 'gyur | dngos po med pa'i ngo bo nyid stong pa nyid kyi legs pa rjod par 'gyur | gzhan dngos po med pa'i ngo bo nyid stong pa nyid sgom na yang de dag gi legs pa rjod cing rjes su dga' bar 'gyur ro ||

《大般若波罗蜜多经·第二会》卷427《摄受品》(T.7, no. 220, 149a2–12)

自能行布施波羅蜜多,亦勸他行布施波羅蜜多,無倒稱揚行布施波羅蜜多法,歡喜讚歎行布施波羅蜜多者,乃至自能行般若波羅蜜多,亦勸他行般若波羅蜜多,無倒稱揚行般若波羅蜜多法,歡喜讚歎行般若波羅蜜多者。自能行内空,亦勸他行内空,無倒稱揚行内空法,歡喜讚歎行内空者,乃至自能行無性自性空,亦勸他行無性自性空,無倒稱揚行無性自性空法,歡喜讚歎行無性自性空者。

背面

1 /// .. .. .. (ts)ya[t]. + + + + ///

2 /// .. .ṣiṣyate · ye (')[n]ya .. + + + ///

3 /// .. .ī .. māpatti [sam](ā)[patsyante] + + ///

4 /// .āpattau sam(ā)[dā]payiṣya .. + + ///

5 /// māpatsyant[e] · [te]ṣām api .. .. + + ///

6 /// evaṃ vijṅananataya .. + + ///

7 /// māpatti samāpatsyate .. .. ///

PvsP II-III 48.12–49.15

ātmanā ca sarvasamādhīn samāpatsyate, parāṃś ca sarvasamādhisamāpattau pratiṣṭhāpayiṣyati, sarvasamādhisamāpattīnāṃ varṇaṃ bhāṣiṣyate, ye 'pi cānye sarvasamādhisamāpattīḥ samāpadyante teṣām api varṇavādī bhaviṣyati samanujñaḥ. ātmanā ca dhāraṇīpratilabdho bhaviṣyati, parāṃś ca dhāraṇīpratilambhāya samādāpayiṣyati, dhāraṇīpratilambhasya varṇaṃ bhāṣiṣyate, ye 'pi cānye dhāraṇīpratilabdhā bhavanti teṣām api varṇavādī bhaviṣyati samanujñaḥ. ātmanā ca prathamaṃ dhyānaṃ samāpatsyate, parāṃś ca prathamadhyānasamāpattau pratiṣṭhāpayiṣyati, prathamadhyānapratiṣṭhānasya ca varṇaṃ bhāṣiṣyate, ye 'pi cānye prathamaṃ dhyānaṃ samāpadya viharanti teṣām api varṇavādī bhaviṣyati samanujñaḥ. ātmanā ca dvitīyaṃ dhyānaṃ samāpatsyate yāvat tṛtīyaṃ dhyānaṃ samāpatsyate. ātmanā ca caturthaṃ dhyānaṃ samāpatsyate, parāṃś ca caturthadhyāne pratiṣṭhāpayiṣyati, caturthadhyānapratiṣṭhānasya varṇaṃ bhāṣiṣyate, ye 'pi cānye caturthaṃ dhyānaṃ samāpadya viharanti teṣām api varṇavādī bhaviṣyati samanujñaḥ. ātmanā ca maitrīṃ samāpatsyate, parāṃś ca maitryāṃ samādāpayiṣyati, maitrīsamādheś ca varṇaṃ bhāṣiṣyate, ye 'pi cānye maitrīṃ samāpadyante teṣām api varṇavādī bhaviṣyati samanujñaḥ. ātmanā ca karuṇāmuditopekṣāḥ samāpatsyate, parāṃś ca karuṇāmuditopekṣāsu samādāpayiṣyati, karuṇāmuditopekṣāṇāṃ ca varṇaṃ bhāṣiṣyate, ye 'pi cānye karuṇāmuditopekṣāḥ samāpadyante teṣām api varṇavādī bhaviṣyati samanujñaḥ. ātmanā cākāśānantyāyatanaṃ samāpatsyate, parāṃś cākāśānantyāyatanasamāpattau samādāpayiṣyati, ākāśānantyāyatanasamāpatteś ca varṇaṃ bhāṣiṣyate, ye 'pi cānye ākāśānantyāyatanasamāpattiṃ samāpadyante teṣām api varṇavādī bhaviṣyati samanujñaḥ. ātmanā ca vijñānānantyāyatanaṃ samāpatsyate. ātmanā cākiṃcanyāyatanaṃ samāpatsyate. ātmanā ca naivasaṃjñānāsaṃjñāyatanaṃ upasaṃpadya vihariṣyati, parāṃś ca naivasaṃjñānāsaṃjñāyatanasamāpattau samādāpayiṣyati, naivasaṃjñānāsaṃjñāyatanasamāpatteś ca varṇaṃ bhāṣiṣyate, ye 'pi cānye naivasaṃjñānāsaṃjñāyatanam upasaṃpadya viharanti teṣām api varṇavādī bhaviṣyati samanujñaḥ.

PvsP(Tib) kha 63a7–64a4

bdag kyang ting nge 'dzin thams cad la snyoms par 'jug par 'gyur | gzhan yang ting nge 'dzin thams cad la snyoms par 'jug par yang dag par skul bar 'gyur | ting nge 'dzin thams cad la snyoms par 'jug pa'i legs pa rjod par 'gyur | gzhan ting nge 'dzin thams cad la snyoms par 'jug na yang de dag gi legs pa rjod cing rjes su dga' bar 'gyur ro || bdag kyang gzungs rnams thob par 'gyur | gzhan yang gzungs rnams thob par bya ba la yang dag par skul bar 'gyur | gzungs rnams thob par byed pa'i legs pa rjod par 'gyur | gzhan gyis gzungs rnams thob na yang de dag gi legs pa rjod cing rjes su dga' bar 'gyur ro || bdag kyang bsam gtan dang po la snyoms par 'jug par 'gyur | gzhan yang bsam gtan dang po la yang dag par skul bar 'gyur | bsam gtan dang po'i legs pa rjod par 'gyur | gzhan bsam gtan dang po la snyoms par 'jug na yang de dag gi legs pa rjod cing rjes su dga' bar 'gyur ro || bdag kyang bsam gtan gnyis pa dang | gsum pa dang bzhi pa la snyoms par 'jug par 'gyur | gzhan yang bsam gtan bzhi pa la yang dag par skul bar 'gyur | bsam gtan bzhi pa'i legs pa rjod par 'gyur | gzhan bsam gtan bzhi pa la snyoms par 'jug na yang de dag gi legs pa rjod cing rjes su dga' bar 'gyur ro || bdag kyang byams pa la snyoms par 'jug par 'gyur | gzhan yang byams pa la snyoms par 'jug pa la yang dag par skul bar 'gyur | byams pa la snyoms par 'jug pa'i legs pa rjod par 'gyur | gzhan byams pa la snyoms par 'jug na yang de dag gi legs pa rjod cing rjes su dga' bar 'gyur ro || bdag kyang snying rje dang dga' ba dang btang snyoms la snyoms par 'jug par 'gyur |

gzhan yang btang snyoms la snyoms par 'jug pa yang dag par skul bar 'gyur | btang snyoms la snyoms par 'jug pa'i legs pa rjod par 'gyur | gzhan btang snyoms la snyoms par 'jug na yang de dag gi legs pa rjod cing rjes su dga' bar 'gyur ro || bdag kyang nam mkha' mtha' yas skye mched la snyoms par 'jug par 'gyur | gzhan yang nam mkha' mtha' yas skye mched la snyoms par 'jug par yang dag par skul bar 'gyur | nam mkha' mtha' yas skye mched la snyoms par 'jug pa'i legs pa rjod par 'gyur | gzhan nam mkha' mtha' yas skye mched la snyoms par 'jug na yang de dag gi legs pa rjod cing rjes su dga' bar 'gyur ro || bdag kyang rnam shes mtha' yas skye mched dang | chung zad med pa'i skye mched dang 'du shes med 'du shes med min skye mched la snyoms par 'jug par 'gyur | gzhan yang 'du shes med 'du shes med min skye mched la snyoms par 'jug par yang dag par skul bar 'gyur | 'du shes med 'du shes med min skye mched la snyoms par 'jug pa'i legs pa rjod par 'gyur | gzhan 'du shes med 'du shes med min skye mched la snyoms par 'jug na yang de dag gi legs pa rjod cing rje su dga' bar 'gyur ro ||

《大般若波罗蜜多经·第二会》卷427《摄受品》(T.7, no. 220, 149a12–22)

自能修一切三摩地門，亦勸他修一切三摩地門，無倒稱揚修一切三摩地門法，歡喜讚歎修一切三摩地門者；自能修一切陀羅尼門，亦勸他修一切陀羅尼門，無倒稱揚修一切陀羅尼門法，歡喜讚歎修一切陀羅尼門者。自能修四靜慮，亦勸他修四靜慮，無倒稱揚修四靜慮法，歡喜讚歎修四靜慮者；自能修四無量，亦勸他修四無量，無倒稱揚修四無量法，歡喜讚歎修四無量者；自能修四無色定，亦勸他修四無色定，無倒稱揚修四無色定法，歡喜讚歎修四無色定者。

二 （赛克勒博物馆临时编号 L 2012.0016）

平行文本：PvsP IV 159.7–160.16

正面

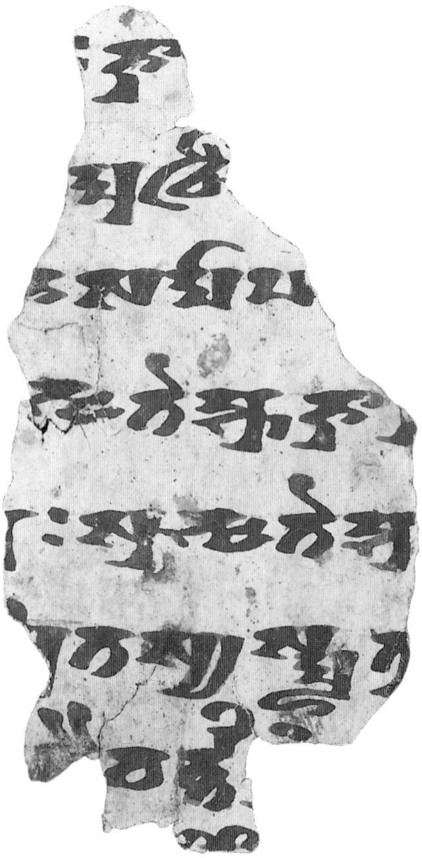

a /// + + .. kā + + + ///

b /// + + mukhī .. + + ///

c /// + [n](a)samāpa + + ///

d /// + bhūte ākā .. + ///

e /// [r](aṃ) : subhūte a + ///

f /// + (sth)[i]tasya smṛ[t](y)[u] + ///

g /// + + .aivartti .ṃ + + ///

h /// + + + + .o + + ///

PvsP IV 159.7–27

tathā hi prāyeṇa subhūte 'vinivartanīyā bodhisattvā mahāsattvāḥ kāmadhātupratisaṃyuktān manasikārān utpādayitvā daśabhiḥ kuśalaiḥ karmapathair vartamānāḥ teṣu buddhakṣetreṣūpapadyante, yatra saṃmukhībhūtās tathāgatā arhantaḥ samyaksaṃbuddhās tiṣṭhanti dhriyante yāpayanti. tatra prathamaṃ dhyānam utpādayitvā yāvan naivasaṃjñānāsaṃjñāyatanasamāpattim utpādayitvā tatropapadyante, yatra saṃmukhībhūtās tathāgatā arhantaḥ samyaksaṃbuddhās tiṣṭhanti dhriyante yāpayanti, ebhiḥ subhūte ākārair ebhir liṅgair ebhir nimittaiḥ samanvāgato 'vinivartanīyo bodhisattvo mahāsattvo veditavyaḥ. iti mārge dharmajñānakṣāntiḥ punar aparaṃ subhūte 'vinivartanīyasya bodhisattvasya mahāsattvasya prajñāpāramitāyāṃ carato 'dhyātmaśūnyatāyāṃ sthitasya yāvad abhāvasvabhāvaśūnyatāyāṃ sthitasya smṛtyupasthāne sthitasya samyakprahāṇarddhipādendriya-balabodhyaṅgamārgeṣu sthitasyāpramāṇa dhyānārūpyasamāpattiṣu sthitasyāryasatyeṣu sthitasya śūnyatānimittā praṇihitavimokṣamukheṣu sthitasya sarvavimokṣasamādhisamāpattidhāraṇī mukheṣu sthitasyābhijñādaśabalavaiśāradyapratisaṃvidāveṇikabuddha dharmeṣu sthitasya naivaṃ bhavaty, avinivartanīyo vā 'haṃ na vā 'ham avinivartanīya iti vicikitsā cāsya notpadyate. niḥsaṃśayaś ca bhavati svakāyāṃ bhūmau. tat kasya hetoḥ? tathā hi so 'ṇum api dharmaṃ na samanupaśyati, yo vivartate vā na vā vivartate.

PvsP(Tib) kha 368a4–b5

rab 'byor de ni 'di ltar phyir mi ldog pa'i byang chub sems dpa' sems dpa' chen po de dag ni phal cher 'dod pa'i khams dang ldan pa'i yid la bya ba bskyed cing dge ba bcu'i las kyi lam la gnas pas | sangs rgyas kyi zhing de dag tu skye bar 'gyur ro || bsam gtan dang po bskyed | bsam gtan gnyis pa dang | bsam gtan gsum pa dang | bsam gtan bzhi pa bskyed | 'du shes med 'du shes med min skye mched la snyoms par 'jug pa'i bar du bskyed cing gang na de bzhin gshegs pa dgra bcom pa yang dag par rdzogs pa'i sangs rgyas mngon du gyur par bzhugs shing 'tsho skyong ba dang | chos ston pa der skye ste | rab 'byor rnam pa de dag dang tshul de dag dang | mtshan ma de dag dang ldan pa'i byang chub sems dpa' sems dpa' chen po ni phyir mi ldog par rig par bya'o || rab 'byor gzhan yang phyir mi ldog pa'i byang chub sems dpa' sems dpa' chen po shes rab kyi pha rol du phyin pa la spyod pa | nang stong pa nyid la gnas pa dang | dngos po med pa'i ngo bo nyid stong pa nyid kyi bar la gnas pa dang | dran pa nye bar gzhag pa rnams la gnas pa dang | yang dag par spong ba dang | rdzu 'phrul gyi rkang pa dang | dbang po dang stobs dang | byang chub kyi yan lag dang | 'phags pa'i lam yan lag brgyad pa la gnas pa dang | 'phags pa'i bden pa dang bsam gtan dang tshad med pa dang | gzugs med pa'i snyoms par 'jug pa la gnas pa dang | rnam par thar pa brgyad dang | mthar gyis gnas pa'i snyoms par 'jug pa dgu dang | stong pa nyid dang mtshan ma med pa dang | smon pa med pa dang mngon par shes pa dang | ting nge 'dzin dang gzungs kyi sgo la gnas pa dang | de bzhin gshegs pa'i stobs bcu dang mi 'jigs pa bzhi dang so so yang dag par rig pa bzhi dang | byams pa chen po dang snying rje chen po dang | sangs rgyas kyi chos ma 'dres pa bcwo brgyad la gnas pa de ni 'di snyam du bdag ni phyir ldog pa'am phyir mi ldog pa ma yin no snyam yang mi byed de | the tshom mi skye zhing rang gi sa la yid gnyis med do || de ci'i phyir zhe na | de ni 'di ltar des phyir ldog pa dang | phyir ldog pa ma yin pa'i chos rdul tsam yang yang dag par rjes su mi mthong ngo ||

《大般若波罗蜜多经·第二会》卷449《转不转品》(T.7, no. 220, 267a5–28)

善現！是菩薩摩訶薩常爲利樂諸有情故，雖能現起初靜慮定乃至非想非非想處定，而巧方便起欲界心，教諸有情十善業道，亦隨願力現生欲界有佛國土，供養恭敬、尊重讚歎諸佛世尊，聽聞正法修諸勝行。善現！若菩薩摩訶薩成就如是諸行、狀、相，知是不退轉菩薩摩訶薩。復次，善現！一切不退轉菩薩摩訶薩常修布施乃至般若波羅蜜多，常行内空乃至無性自性空，常行真如乃至不思議界，常行苦、集、滅、道聖諦，常修四念住乃至八聖道支，常修四靜慮、四無量、四無色定，常修八解脱、八勝處、九次第定、十遍處，常修空、無相、無願解脱門，常修五眼、六神通，常修一切陀羅尼門、三摩地門，常修佛十力乃至十八佛不共法，常修無忘失法、恒住捨性，常修一切智、道相智、一切相智，常修一切菩薩摩訶薩行，常求無上正等菩提。善現！是菩薩摩訶薩常於自地不起疑惑，不作是念："我是不退轉，我非不退轉。"所以者何？是菩薩摩訶薩不見少法可於無上正等菩提説有退轉，説無退轉。善現！是菩薩摩訶薩於自地法無惑無疑。所以者何？是菩薩摩訶薩於自地法，已善了知、善通達故。

背面

a /// + + + .. + + + ///

b /// + + .. bu .. + + ///

c /// + taryyakārī + + ///

d /// [tu](ṃ) anuvarttate .. ///

e /// .e varttikācittaṃ [bh]. ///

f /// + (t)[o]s tathā hi .. + ///

g /// + (r)[i]śodha[y](a) + + ///

h /// + + [ddh]ā(ṃ) [bh]. + + + ///

PvsP IV 159.27–160.16

tadyathā 'pi nāma subhūte srotaāpannaḥ srotaāpattiphalabhūmau sthito na kāṅkṣati na vicikitsati svakāyāṃ bhūmāv evaṃ sakṛdāgāmyanāgāmyarhattvabhūmau sthito buddhabhūmau sthito na kāṅkṣati na vicikitsaty, evam eva subhūte bodhisattvo mahāsattvaḥ svakāyāṃ bhūmau na kāṅkṣati na vicikitsati. sa tatrāvinivartanīyabhūmau sthito buddhakṣetrañ ca pariśodhayati, sattvāṃś ca paripācayaty, utpannotpannāni ca mārakarmāṇi budhyate, na ca mārakarmāṇāṃ vaśena gacchati, sarvāṇi ca tāni mārakarmāṇi budhyate buddhvā ca vidhvastāni viralīkaroti. tadyathā 'pi nāma subhūte puruṣa ānantaryakarmakārī ānantaryacittenāvirahito yāvan maraṇakālam ity anuvartata eva tad ānantaryacittaṃ, na ca tatr' ānantaryacittaṃ śaknoti viṣkambhayitum, anuvartate cāsya tat paryutthānaṃ yāvan maraṇakālam. evam eva subhūte 'vinivartanīyasya bodhisattvasya mahāsattvasya tad avinivartanīyacittaṃ bhūtaṃ sthitam avinivartanīyabhūmāv avikampan tac cittaṃ, na śakyate sadevamānuṣāsureṇa lokena vivartayitum. tat kasya hetoḥ? tathā hi tad avinivartanīyacittaṃ sadevamānuṣāsuram atikramya samyaktvaniyāmam avakrāntaṃ sa svakāyāṃ bhūmau sthitvā 'bhijñāparamapāramitāḥ prāpya buddhakṣetraṃ ca pariśodhayati, sattvāṃś ca paripācayati, buddhakṣetreṇa buddhakṣetraṃ saṃkrāmati, teṣu ca buddhakṣetreṣu kuśalamūlāny avaropayitvā tāṃś ca buddhān bhagavataḥ paripṛcchati paripraśnayati paryupāste.

PvsP(Tib) kha 368b5–369b1

rab 'byor 'di lta ste dper na | rgyun du zhugs pa'i skyes bu rgyun du zhugs pa'i sa la gnas pa ni | rang gi sa la nem nur med cing the tshom mi za'o || lan cig phyir 'ong ba lan cig phyir 'ong ba'i sa la gnas pa dang | phyir mi 'ong ba phyir mi 'ong ba'i sa la gnas pa dang | dgra bcom pa dgra bcom pa'i sa la gnas pa ni | rang gi sa la nem nur med cing the tshom mi za'o || rang sangs rgyas rang sangs rgyas kyi sa la gnas pa ni | rang gi sa la nem nur med cing the tshom mi za'o || byang chub sems dpa' byang chub sems dpa'i sa la gnas pa ni | rang gi sa la nem nur med cing the tshom mi za'o || yang dag par rdzogs pa'i sangs rgyas | yang dag par rdzogs pa'i sangs rgyas kyi sa la gnas pa ni | rang gi sa la nem nur med cing the tshom mi za'o || rab 'byor de bzhin du byang chub sems dpa' sems dpa' chen po rang gi sa la gnas pa yang nem nur med cing the tshom mi za zhing | de phyir mi ldog pa'i sa de la gnas te | sangs rgyas kyi zhing yang yongs su sbyong ngo || sems can rnams kyang yongs su smin par byed do || bdud kyi las skyes shing byung ba dag kyang shes te | bdud kyi las kyi dbang du yang mi 'gro || bdud kyi las de dag thams cad kyang rnam par 'joms zhing srab mor byed do || rab 'byor 'di lta ste dper na | mtshams med pa byed byed pa'i skyes bu ni 'chi ka'i bar du yang mtshams med pa'i sems dang mi 'bral zhing | mtshams med pa'i sems de rjes su 'brang ngo || mtshams med pa'i sems de thabs mkhas pa thams cad kyis kyang rnam par gzhil bar mi nus te | kun nas ldang ba de 'chi ka'i bar du yang rjes su 'brang ngo || rab 'byor de bzhin du phyir mi ldog pa'i byang chub sems dpa' sems dpa' chen po'i phyir mi ldog pa'i sems kyang phyir mi ldog pa'i sa la gnas pa ste | sems de rnam par brtag tu med cing mi skul bas | de ni lha dang mi dang lha ma yin du bcas pa'i 'jig rten gyis phyir bzlog par mi nus so || de ci'i phyir zhe na | de ni 'di ltar sems des lha dang | mi dang lha ma yin du bcas pa'i 'jig rten las 'das te | yang dag pa'i skyon med par zhugs pas de rang gi sa la gnas shing | mngon par shes pa rnams la pha rol du phyin pa'i mchog thob pas | sangs rgyas kyi zhing yongs su dag par byed do || sems can rnams kyang yongs su smin par byed do || sangs rgyas bcom ldan 'das rnams blta ba dang | de dag la phyag bya ba dang | chos mnyan pa'i phyir | sangs rgyas kyi zhing nas sangs rgyas kyi zhing du yang 'gro'o || sangs rgyas kyi zhing de dag gis sangs rgyas bcom ldan 'das rnams la dge ba'i rtsa ba mang po yang bskyed cing | sangs rgyas bcom ldan 'das de dag la kun 'dri zhing yongs su zhu ba byed | bsnyen bkur byed do ||

《大般若波罗蜜多经·第二会》卷449《转不转品》(T.7, no. 220, 267a28–b18)

善現！如預流者住預流果，於自果法無惑無疑，一來、不還、阿羅漢、獨覺及諸如來、應、正等覺各住自果，於自果法亦無惑無疑。是菩薩摩訶薩亦復如是，於自所住不退轉地所攝諸法，現知現見，無惑無疑。善現！是菩薩摩訶薩住此地中，成熟有情、嚴淨佛土修諸功德，有魔事起即能覺知，不隨魔事勢力而轉，善能摧伏種種魔事，令不障礙所修功德。善現！如有造作無間業者，彼無間心恒常隨逐，乃至命終亦不能捨。何以故？善現！彼能等起無間業纏增上勢力恒常隨轉，乃至命盡亦不能伏，設有餘心不能遮礙。是菩薩摩訶薩亦復如是，安住自地其心不動，無所分別，世間天、人、阿素洛等皆不能轉。何以故？善現！是菩薩摩訶薩其心堅固，超諸世間天、人、魔、梵、阿素洛等，已入菩薩正性離生住不退地，已得菩薩殊勝神通，成熟有情、嚴淨佛土，從一佛國至一佛國，供養恭敬、尊重讚歎諸佛世尊及佛弟子，聽聞正法於諸佛所種諸善根，請問菩薩所學法義。

三（赛克勒博物馆临时编号 L 2012.0020）

平行文本：PvsP V 99.5–100.21

正面

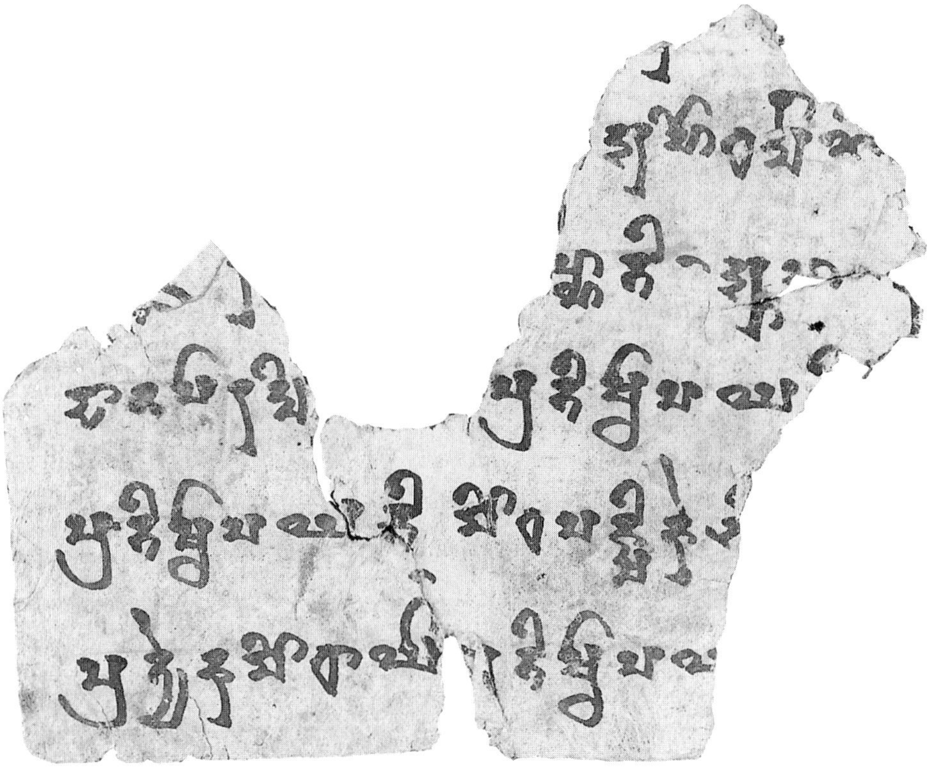

u + + + + + + + + + + .. + + + + ///

v + + + + + + + + .. aho dharmāṇā[ṃ] ///

w + ... + + + hṇāti - āha .. ///

x dānapārami + + pratiṣṭhāpaya(t)i + ///

y pratiṣṭhāpayati bodhapakṣike [s](r)[o] + + ///

z pratyekabodhāyāṃ [pra]tiṣṭhāpa[ya] + + ///

PvsP V 99.5–100.3

bhagavān āha: iha subhūte bodhisattvasya mahāsattvasya prajñāpāramitāyāṃ sthitasyānulomikī kṣāntir utpadyate, tasyaivaṃ bhavati, iha na kaścid dharma utpadyate vā nirudhyate vā mriyate vā ākruṣyate vā paribhāṣyate vā cchidyate vā bhidyate vā hanyate vā tasya prathamacittotpādam upādāya yāvad bodhimaṇḍaniṣaṇṇasya yadi sarvasattvā āgamy' ākroṣayur vā paribhāṣeran vā loṣṭadaṇḍaśastraprahārān dadyuś cchidyur bhidyur vā, tatra cāsyaivaṃ bhavati, aho dharmāṇām dharmatā, na iha kaścid dharma ākruṣyate vā paribhāṣyate vā cchidyate vā bhidyate vā hanyate vā, sa tāni kuśalamūlāni sarvasattvasādhāraṇāni kṛtvā 'nuttarāyai samyaksaṃbodhaye pariṇāmayati, tathā ca pariṇāmayati yathā 'sya trividhā buddhir na bhavati, ko vā pariṇāmayati, kiṃ vā pariṇāmayati, kutra vā parinamayati. evaṃ khalu subhūte bodhisattvo mahāsattvaḥ prajñāpāramitāyāṃ sthitvā kṣāntipāramitāṃ parigṛhṇāti. subhūtir āha: kathaṃ bhagavan bodhisattvo mahāsattvaḥ prajñāpāramitāyāṃ sthitvā vīryapāramitāṃ parigṛhṇāti? bhagavān āha: iha subhūte bodhisattvo mahāsattvaḥ prajñāpāramitāyāṃ sthitvā caturbhir ṛddhipādair upāyakauśalyena samanvāgataḥ kāyikañ ca caitasikañ ca vīryaṃ saṃjanayyānyaṃ lokadhātum api gatvā, lokadhātuśatam api gatvā, lokadhātusahasram api gatvā lokadhātuśatasahasram api gatvā lokadhātukoṭīniyutaśatasahasram api gatvā sattvānāṃ dharmaṃ deśayati. dānapāramitāyāṃ pratiṣṭhāpayati, śīlapāramitāyāṃ pratiṣṭhāpayati, kṣāntipāramitāyāṃ pratiṣṭhāpayati, vīryapāramitāyāṃ pratiṣṭhāpayati, dhyānapāramitāyāṃ pratiṣṭhāpayati, prajñāpāramitāyāṃ pratiṣṭhāpayati. saptatriṃśadbodhipakṣyeṣu dharmeṣu pratiṣṭhāpayati, srotaāpattiphale pratiṣṭhāpayati, sakṛdāgāmiphale pratiṣṭhāpayati, anāgāmiphale pratiṣṭhāpayati, arhattve pratiṣṭhāpayati pratyekabodhau pratiṣṭhāpayati, yāvad anuttarāyāṃ samyaksaṃbodhau pratiṣṭhāpayati, tathā ca pratiṣṭhāpayati, yathā na saṃskṛte dhātau pratiṣṭhāpayati, nāsaṃskṛte dhātau pratiṣṭhāpayati tac ca kuśalamūlaṃ sarvasattveṣu sārdhaṃ sādhāraṇaṃ kṛtvā 'nuttarāyāṃ samyaksaṃbodhau pariṇāmayati, tathā ca pariṇāmayati, yathāsya trividhā buddhir na bhavati, ko vā pariṇāmayati, kiṃ vā pariṇāmayati, kutra vā pariṇāmayati.

PvsP(Tib) ga 90a1–b4

bcom ldan 'das kyis bka' stsal pa | rab 'byor 'di la byang chub sems dpa' sems dpa' chen po shes rab kyi pha rol du phyin pa la gnas shing rjes su 'thun pa'i bzod pa skyes te | de 'di snyam du 'di la chos gang yang skye ba'am | 'gag pa 'am | 'byung ba 'am | 'jig ba'am | 'ching ba 'am | gshe pa'am | 'khyal ba 'am | gcad pa 'am | gtub pa 'am | rdeg pa med do snyam pas de la sems dang po bskyed pa nas nye bar bzung ste | snying po byang chub la 'dug gi bar du gal te sems can thams cad drung du lhags nas spyos te kyal tam | rdo dbyug gis brdegs sam | mtshon gyis btab ste | bcad gtubs kyang de la 'di snyam ste | kye ma chos rnams kyi chos nyid 'di ni ngo mtshar che ste | 'di la chos gang la yang spyo ba 'am | kyal pa 'am | gcad pa 'am | gtub pa 'am | brdeg pa 'am | bcing pa med do snyam ste | rab 'byor de ltar na byang chub sems dpa' sems dpa' chen po shes rab kyi pha rol du phyin pa la gnas shing | bzod pa'i pha rol du phyin pa yongs su 'dzin to | gsol pa | bcom ldan 'das ji ltar na byang chub sems dpa' sems dpa' chen po shes rab kyi pha rol du phyin pa la gnas shing | brtson 'grus kyi pha rol du phyin pa yongs su 'dzin pa lags | bcom ldan 'das kyis bka' stsal pa | rab 'byor 'di la byang chub sems dpa' sems dpa' chen po shes rab kyi pha rol du phyin pa la gnas shing | rdzu 'phrul gyi rkang pa bzhi la gnas te | thabs mkhas pa dang ldan pas lus dag sems kyi brtson pa bskyed de | de 'jig rten gyi khams gcig gam | 'jig rten gyi khams brgya'am |

'jig rten gyi khams stong dam | 'jig rten gyi khams bye ba khrag khrig brgya phrag stong gi bar dag tu song ste | sems can rnams la chos ston cing | sbyin pa'i pha rol du phyin pa la rab tu 'god do || tshul khrims kyi pha rol du phyin pa dang | bzod pa'i pha rol du phyi pa dang | brtson 'grus kyi pha rol du phyin pa dang | bsam gtan gyi pha rol du phyin pa dang | shes rab kyi pha rol du phyin pa la rab tu 'god do || dran pa nye bar gzhag par rnams la rab tu 'god do | 'phags pa'i lam yan lag brgyad pa'i bar la rab tu 'god do || rgyun du zhugs pa'i 'bras bu la rab tu 'god do || lan cig phyir 'ong ba'i 'bras bu dang | phyir mi 'ong ba'i 'bras bu dang | dgra bcom pa nyid dang | rang byang chub la rab tu 'god do || bla na med pa yang dag par rdzogs pa'i byang chub tu la rab tu 'god do || de yang ci nas kyang 'dus byas kyi khams la rab tu bkod pa yang ma yin | 'dus ma byas kyi khams la rab tu bkod pa yang ma yin pa de ltar rab tu 'god de |

《大般若波罗蜜多经·第二会》卷459《相摄品》(T.7, no. 220, 321b3–c1)

善現，若菩薩摩訶薩安住般若波羅蜜多起隨順忍，得此忍已，常作是念：“一切法中無有一法若起若滅、若生若老、若病若死、若能罵者、若受罵者、若能謗者、若受謗者、若能割截、斫刺、打縛、惱觸、加害，若所割截、斫刺、打縛、惱觸、加害，如是一切性相皆空，不應於中妄想分別。”是菩薩摩訶薩得此忍故，從初發心乃至安坐妙菩提座，於其中間假使一切有情之類，皆來訶毀、誹謗、凌辱，以諸刀杖瓦石塊等，損害打擲割截斫刺，乃至分解身諸支節。爾時菩薩心無變異，但作是念：“深可怪哉！諸法性中都無訶毀、誹謗、凌辱、加害等事，而諸有情妄想分別執爲實有，發起種種煩惱惡業，現在當來受諸劇苦。”是菩薩摩訶薩持此善根，以無所得而爲方便，與諸有情同共迴向一切智智，於迴向時無二心轉，謂誰迴向？何所迴向？善現！是爲菩薩摩訶薩安住般若波羅蜜多攝取安忍波羅蜜多。善現！若菩薩摩訶薩安住般若波羅蜜多，爲諸有情宣説正法，令住布施波羅蜜多乃至般若波羅蜜多，或令住四念住乃至八聖道支，或令得預流果乃至阿羅漢果，或令得獨覺菩提，或令得一切智智。是菩薩摩訶薩雖爲此事，而不住有爲界亦不住無爲界，復持如是所集善根，以無所得而爲方便，與諸有情同共迴向一切智智，於迴向時無二心轉，謂誰迴向？何所迴向？

背面

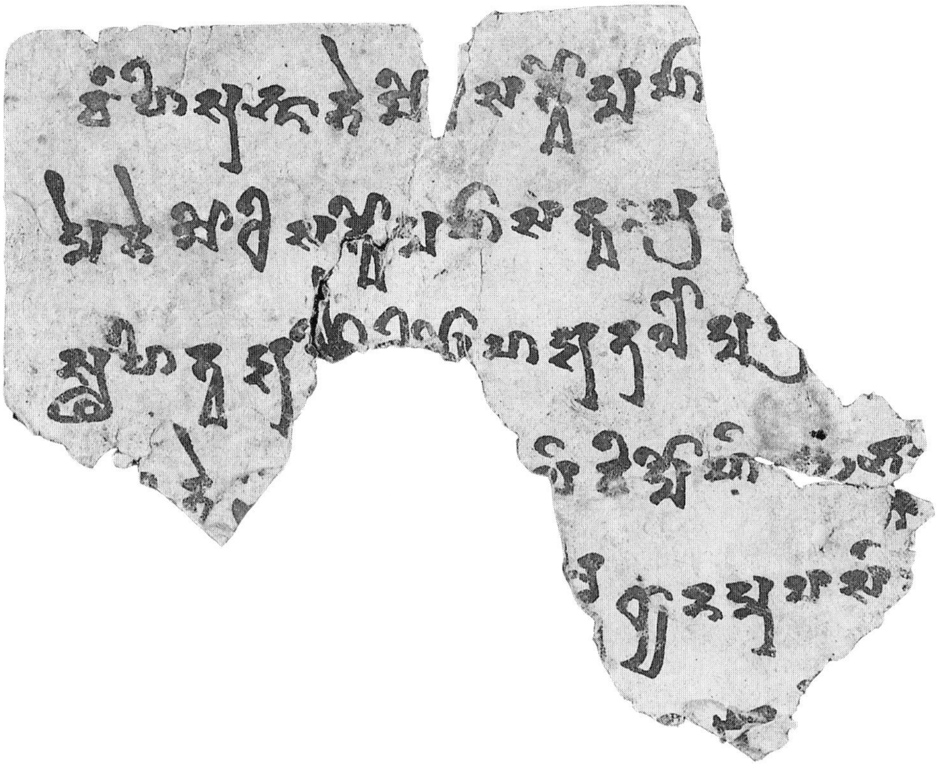

1 vaṃ hi subhūte bo[dhi]satvo mahā + + ///

2 me te bodhisatvo mahāsatvaḥ pra .. + + ///

3 sthahitva① a(ṣṭ)au (v)i(m)oha② anuloma[p]r(a) + ///

4 .. te .. + + .. .ṃ vimohaṃ [ś]ubhā ///

5 + + + + + + + .. dhyanam upasaṃ .. ///

6 + + + + + + + + ... + + ///

PvsP V 100.3–100.21

evaṃ khalu subhūte bodhisattvo mahāsattvaḥ prajñāpāramitāyāṃ sthitvā vīryapāramitāṃ parigṛhṇāti. subhūtir āha: kathaṃ bhagavan bodhisattvo mahāsattvaḥ prajñāpāramitāyāṃ sthitvā dhyānapāramitāṃ parigṛhṇāti? bhagavān āha: iha subhūte bodhisattvo mahāsattvaḥ prajñāpāramitāyāṃ sthitvā, tathāgatasamādhiṃ sthāpayitvā, yāvantaḥ kecit samādhayaḥ śrāvakasamādhir vā pratyekabuddhasamādhir vā tān sarvān samāpadyate ca vyuttiṣṭhate ca, samādhau sthitvā aṣṭau vimokṣān anulomaṃ pratilomaṃ samāpadyate ca vyuttiṣṭhate ca. katamān aṣṭau vimokṣān? iha subhūte

---

① 可能是*sthitva*的误写。
② 可能是*vimokṣa*的误写。

bodhisattvo mahāsattvo 'dhyātmaṃ rūpasaṃjñī bahirdhārūpāṇi paśyaty, ayaṃ prathamo vimokṣaḥ. adhyātmam arūpasaṃjñī bahirdhārūpāṇi paśyaty ayaṃ dvitīyo vimokṣaḥ. śūnyatvenādhimuktaḥ śūnyatve cādhimukto bhavaty ayaṃ tṛtīyo vimokṣaḥ. sukhasya ca prahāṇād duṣkhasya ca prahāṇāt pūrvam eva saumanasyadaurmanasyayor astaṃgamād aduṣkhāsukham upekṣāsmṛtipariśuddhaṃ caturthaṃ dhyānam upasaṃpadya viharati. sa sarvaśo rūpasaṃjñānāṃ samatikramāt pratighasaṃjñānām astaṃgamād nānātvasaṃjñānām amanasikārād anantam ākāśam ity ākāś' ānanty' āyatanam upasaṃpadya viharaty, ayaṃ caturtho vimokṣaḥ.

PvsP(Tib) ga 90b4–91a4

rab 'byor de ltar na byang chub sems dpa' sems dpa' chen po shes rab kyi pha rol du phyin pa la gnas shing | brtson 'grus kyi pha rol du phyin pa yongs su 'dzin to || gsol pa | bcom ldan 'das ji ltar na byang chub sems dpa' sems dpa' chen po shes rab kyi pha rol du phyin pa la gnas shing | bsam gtan gyi pha rol du phyin pa yongs su 'dzin pa lags | bcom ldan 'das kyis bka' stsal pa | rab 'byor 'di la byang chub sems dpa' sems dpa' chen po shes rab kyi pha rol du phyin pa la gnas shing | de bzhin gshegs pa'i ting nge 'dzin ma gtogs par | nyan thos kyi ting nge 'dzin tam | rang sangs rgyas kyi ting nge 'dzin tam | byang chub sems dpa'i ting nge 'dzin kyang rung ste | ting nge 'dzin gang ji snyed ba de dag thams cad la snyoms par 'jug ste | ting nge 'dzin de dag la gnas shing | rnam par thar ba brgyad la lugs dang 'thun pa dang | lugs dang mi mthun par snyoms par 'jug cing rnam par ldang ngo || brgyad gang zhe na | rab 'byor 'di la byang chub sems dpa' sems dpa' chen po gzugs can gyis gzugs rnams mthong ba 'di ni rnams par thar pa dang po'o || nang gzugs med pa'i 'du shes dang ldan pas | phyi rol gyi gzugs rnams mthong ba 'di ni rnam par thar par gnyis pa'o | bzang bar mos pa 'di ni rnam par thar pa gsum pa'o || de rnam pa thams caddu gzugs kyi 'du shes las yang dag par 'das te | thogs pa'i 'du shes rnams nub par gyur cing | sna tshogs kyi 'du shes yid la mi byed pas nam mkha' mtha' yas so zhes te | nam mkha' mtha' yas skye mched la nye bar bsgrubs te gnas pa 'di ni rnam par thar pa bzhi pa'o ||

《大般若波罗蜜多经·第二会》卷459《相摄品》(T.7, no. 220, 321c1–11)

善現！是爲菩薩摩訶薩安住般若波羅蜜多攝取精進波羅蜜多。善現！若菩薩摩訶薩安住般若波羅蜜多，除佛等持，於餘一切聲聞、獨覺、菩薩等持，皆能自在隨意入出。是菩薩摩訶薩安住菩薩自在等持，於八解脱皆能自在順逆入出。何等爲八？一者、有色觀諸色解脱。二者、内無色想觀外諸色解脱。三者、淨勝解身作證解脱。四者、超一切色想滅有對想，不思惟種種想，入無邊空，空無邊處解脱。

四 （赛克勒博物馆临时编号L 2012.0021）

平行文本：PvsP VI–VIII 112.22–114.6

正面

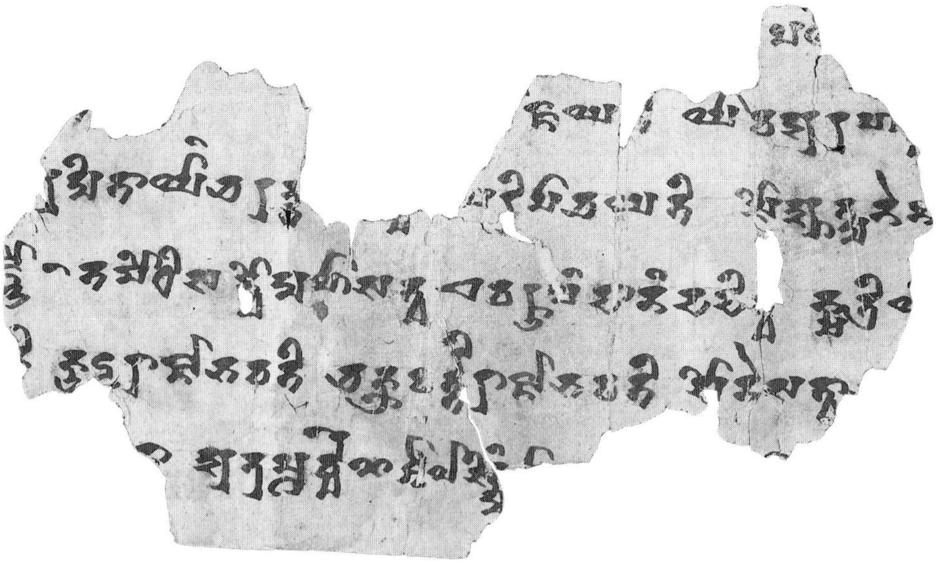

u /// + pa[l]. + + ///

v /// + + + + + + + + + + + + + .. jaya .. yāva ar{a}ha .. ///

w /// + ramitāyāṃ cara[n]. + .. + paripācayate so ātmane n[a] ///

x /// jño - ta bodhisatvo mahāsatva evarūpaṃ dānaṃ dadi[t]va kṣatri[y]. ///

y /// .i kuṭṭarājā bhavati cakravarttirājā bhavati so ne satvā .. + ///

z /// + + + .ā anupūrvveṇa śīlasmiṃ sthāpa① + + + + + + + + + + ///

PvsP VI–VIII 112.22–113.16

bhagavān āha: iha subhūte bodhisattvo mahāsattvaḥ prajñāpāramitāyāṃ caran dānaṃ dadāti sattvebhyo dānaṃ datvā evam avavadati, iha kulaputrā mā dānam āgrahaṇato grahīṣyatha, mā dān' āgrahaṇagṛhīten' ātmabhāvam abhinivartayiṣyatha, yen' ātmabhāvenābhinivartitena bahūni duṣkhāni pratyanubhaviṣyatha, neha kulaputrā paramārthena dānaṃ na dānapatir na pratigrāhakaḥ, sarva ete trayo dharmāḥ śūnyā, na ca prakṛtiśūnyā dharmān gṛhṇanty agrāhyā śūnyatā. evaṃ khalu subhūte bodhisattvo mahāsattvo dānapāramitāyāṃ caran sattvebhyo dānaṃ dadāti, na cātra dānam upalabhate na dānapatiṃ na pratigrāhakam anupalaṃbhapāramitaiṣā yad uta dānapāramitā, sa dānadātṛpratigrāhakān anupalaṃbhamānaḥ sattvān srotaāpattiphale niyojayati, sakṛdāgāmiphale niyojayaty anāgāmiphale niyojayati, arhattve niyojayati, pratyekāyāṃ bodhau niyojayati, anuttarāyāṃ samyaksaṃbodhau niyojayati. evaṃ khalu

① 残片此处折叠，字母sth(ā)和pa在背面可见。

subhūte bodhisattvo mahāsattvo dānapāramitāyāṃ caran sattvān paripācayati, sa ātmanā ca dānaṃ dadāti, parāṃś ca dāne samādāpayati, dānasya ca varṇaṃ bhāṣate ye 'pi cānye dānaṃ dadāti, teṣāṃ ca varṇavādī bhavati samanujñaḥ, tad bodhisattvo mahāsattva evaṃrūpaṃ dānaṃ datvā kṣatriyamahāśālakulānāṃ vā sahavratāyopapadyate, brāhmaṇamahāśālakulānāṃ vā sahavratāyopapadyate, gṛhapatimahāśālakulānāṃ vā sahavratāyopapadyate, koṭṭarājo vā bhavati, cakravartirājyaṃ vā pratilabhate, sa tatra sattvāṃś caturbhiḥ saṃgrahavastubhiḥ saṃgṛhṇāti, katamaiś caturbhir? dānena priyavadyatayā, arthacaryayā samānārthatayā ca. evaṃ tān sattvān dānena saṃgṛhyānupūrveṇa śīle kṣāntau vīrye dhyāne prajñāyāṃ pratiṣṭhāpayati, caturṣu dhyāneṣu caturṣv apramāṇeṣu catasṛṣv ārūpyasamāpattiṣu

PvsP(Tib) ga 287a7–288a4

bcom ldan 'das kyis bka' stsal pa | rab 'byor 'di la byang chub sems dpa' sems dpa' chen po shes rab kyi pha rol tu phyin pa la spyod pa'i tshe | sems can rnams la sbyin pa yongs su gtong ste | sbyin ba byin nas 'di skad du 'debs shing rjes su ston te | rigs kyi bu dag sbyin pa la gzung bas ma 'dzin cig | sbyin pa gzung bas 'dzin cing lus gang mngon par grub pas sdug bsngal mang po nyams su myong bar 'gyur ba de lta bu'i lus mngon par 'grub pa re | rigs kyi bu dag 'di la don dam par na | sbyin pa yang med | sbyin pa'i 'bras bu yang med | sbyin pa'i bdag po yang med | len pa yang med de | chos de dag thams cad ni rang bzhin gyis stong pa'o || rang bzhin gyis stong pa'i chos ni len ba med do || rang bzhin gyis stong pa nyid ni gzung du med pa'o zhes 'dems shing rjes su ston te | rab 'byor byang chub sems dpa' sems dpa' chen po ni sbyin pa'i pha rol tu phyin pa la spyod pa'i tshe | de ltar sems can rnams la sbyin pa yongs su gtong yang sbyin pa mi dmigs so || sbyin pa'i bdag po mi dmigs so || len pa mi dmigs so || de ni mi dmigs pa'i pha rol du phyin pa ste | 'di ltar sbyin pa'i pha rol tu phyin pa'o || de chos gsum pa de dag thams cad mi dmigs pas | sems can rnams rgyun tu zhugs pa'i 'bras bu la sbyor ro || lan cig phyir 'ong ba'i 'bras bu dang | phyir mi 'ong ba'i 'bras bu dang | dgra bcom pa nyid la sbyor ro || rang byang chub la sbyor ro || bla na med pa yang dag par rdzogs pa'i byang chub la sbyor ro || rab 'byor de ltar byang chub sems dpa' sems dpa' chen po sbyin pa'i pha rol tu phyin pa la spyod pa'i tshe | sems can rnams yongs su smin par byed de | de bdag nyid kyang sbyin pa yongs su gtong ngo || gzhan yang sbyin pa la yang dag par skul lo || sbyin pa'i legs pa rjod do || sems can rnams gzhan gang sbyin pa yongs su gtong ba de dag gis yang legs pa brjod cing 'thun pas dga' bar spyod de | de ltar byang chub sems dpa' sems dpa' chen po de | de lta bu'i sbyin pa chen po byin zhing | rgyal rigs che zhing mtho ba'i rigs dang skal ba mnyams par skye'o || bram ze'i che zhing mtho ba'i rigs dang skal ba mnyams par skye'o || khyim bdag che zhing mtho ba'i rigs dang skal ba mnyam bar skye'o || khams kyi rgyal por 'gyur ro || 'khor los sgyur ba'i rgyal po 'thob bo || de de dag na yang sems can de dag bsdu pa'i dngos po bzhis yongs su sdud de | bzhi gang zhe na | sbyin pa dang tshig snyan pa dang don spyad pa dang | don 'thun pas yongs su sdud do || de de ltar sbyin pas yongs su bsdus ba'i sems can de dag kyang rim gyis tshul khrims la rab tu 'god do || bzod pa dang brtson 'grus dang | ting nge 'dzin dang | shes rab la rab tu 'god do || bsam gtan bzhi dang | tshad med pa bzhi dang | gzugs med ba'i snyoms par 'jug pa bzhi la rab tu 'god do ||

《大般若波罗蜜多经·第二会》卷475《无阙品》(T.7, no. 220, 406b10–c7)

佛告善現，有菩薩摩訶薩修行布施波羅蜜多時方便善巧，自行布施亦勸他行布施，慇懃教誡教授彼言："諸善男子！勿著布施，若著布施當更受身，若更受身，由斯展轉當受無量猛利大苦。諸善男子！勝義諦中都無布施，亦無施者、受者、施物及諸施果，如是諸法皆本性空，本性空中無法可取，諸法空性亦不可取。"如是，善現！諸菩薩摩訶薩修行布施波羅蜜多，雖於有情自行於施亦勸他施，而於布施、施者、受者、施物、施果皆無所得，如是布施波羅蜜多名無所得波羅蜜多。善現！是菩薩摩訶薩於此諸法無所得時，方便善巧能化有情，住預流果、或一來果、或不還果、或阿羅漢果、或獨覺菩提，或趣無上正等菩提。如是，善現！諸菩薩摩訶薩修行布施波羅蜜多時，成熟有情令獲勝利。善現！是菩薩摩訶薩自行布施，亦勸他行布施，無倒稱揚行布施法，歡喜讚歎行布施者。善現！是菩薩摩訶薩如是施已，或生刹帝利大族，或生婆羅門大族，或生長者大族，或生居士大族豐饒財寶，或作小王於小國土富貴自在，或作大王於大國土富貴自在，或作輪王於四洲界富貴自在。是菩薩摩訶薩生如是等諸尊貴處，以四攝事攝諸有情，先教有情安住布施，由施因緣其心調善，漸次令住戒、忍、精進、靜慮、般若，復令安住四靜慮、四無量、四無色定，

背面

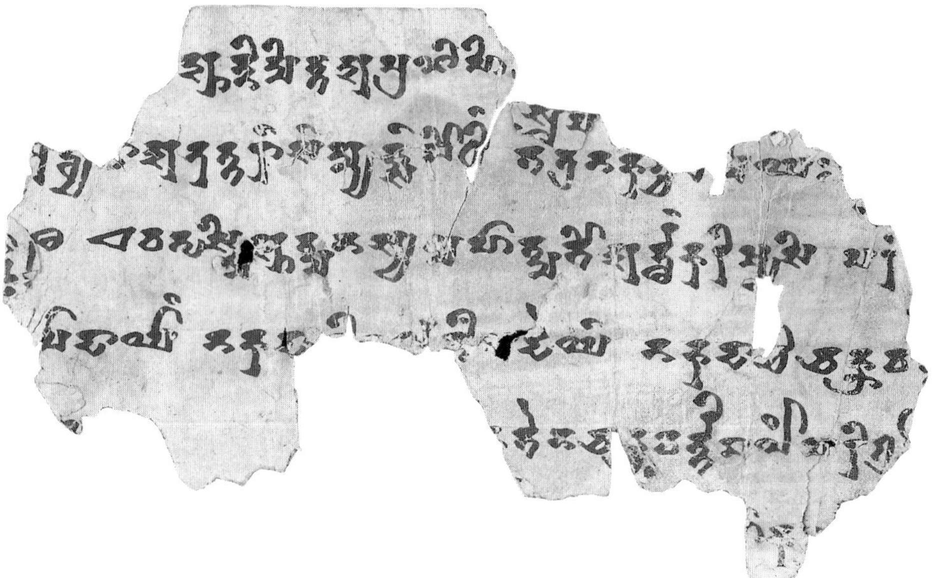

1 /// + + + + ān nimitta apraṇihi .. + + + + + + + + + + ///

2 /// (b)[ud]dhya(dhv)[ā] (ṃ) anuttaraṃ sa{ṃ}myaksaṃbodhiṃ tatra na ka[śc]. .. .. yaḥ .. + ///

3 /// .. tha eva tu (')smi ātmanasya mahātmato artthaṃ kariṣyasi paraṃ + ///

4 /// + pādāyāṃ na kadā (c)i. .. .i deyaṃ na kadā ci cakrava .. ///

5 /// + + + + + + + + + + + + .. tena ca[kra]varttibalaṃ[①] parigra.. ///

6 /// + + + + + + + + + + + + + + + + + + + (h)[ā]ka .. + + ///

---

① 可能是*cakravartiphalaṃ*的误写。

PvsP VI–VIII 113.16–114.6

caturṣu smṛtyupasthāneṣu caturṣu samyakprahāṇeṣu caturṣv ṛddhipādeṣu pañcasv indriyeṣu pañcasu baleṣu saptabodhyaṅgeṣv āryāṣṭāṅgeṣu mārgeṣu pratiṣṭhāpayati, śūnyatānimittāpraṇihiteṣu samyakniyāmam avakrāmayati, srotaāpattiphalaṃ sakṛdāgāmiphalam anāgāmiphalam arhattvam anuprāpayati, pratyekāṃ bodhim anuprāpayaty anuttarāyāṃ samyaksaṃbodhau samādāpayati, haṃho puruṣā abhisaṃbuddhyadhvam anuttarāṃ samyaksaṃbodhiṃ, tatra na kaścid dharmaḥ svabhāvena saṃvidyate, yatra sattvā anyatra viparyāsena nāvabudhyante, tasmāt sarvaviparyāsān mā grahīṣyatha, ātmānaṃ mocayatha saṃsārāt, parāṃś ca mocayiṣyatha, evaṃ yūyam ātmanaś ca mahāntam arthaṃ kariṣyatha, parāṃś ca mahaty arthe niyojayiṣyatha. evaṃ khalu subhūte bodhisattvena mahāsattvena dānapāramitāyāṃ caritavyaṃ, yathā caran prathamacittotpādam upādāya na jātu durgatiṃ patati, na jātu cakravartirājyan na kārayati. tat kasya hetoḥ? yādṛśaṃ hi vījaṃ tādṛśaṃ phalaṃ bhavati, tasya cakravartino yadā yācanakā āgacchanti tadā tasya cakravartino rājña evaṃ bhavati, yeṣāṃ mayā kṛtaśaś cakravartiphalaṃ parigṛhītaṃ nānyatra sattvānām arthāya, tad etad yuṣmākam eva dattaṃ bhavatu, tasmad atra na mayānena cakravartirājyenārthaḥ prāg evānye nānyatra sattvānām arthāya saṃsāra upāttaḥ sa karuṇāyamāno mahākaruṇāṃ paripūrayati, yāvan mahākaruṇāṃ paripūrayitvā sattvānām arthaṃ karoti, te ca sattvā nopalabhyante ye pariniṣpannāḥ syur ity anyatra saṃjñānām asaṃketaṃ vyavahāra iti, sa ca vyavahāraḥ pratiśrutkopamo 'pravyāhāro veditavyaḥ.

PvsP(Tib) ga 288a4–289a1

dran pa nye bar gzhag ba bzhi dang | yang dag par spong ba bzhi dang | rdzu 'phrul gyi rkang pa bzhi dang | dbang po lnga dang | stobs lnga dang | byang chub kyi yan lag bdun dang | 'phags pa'i lam yan lag brgyad pa la rab tu 'god do || 'phags pa'i bden pa bzhi dang | rnam par thar pa brgyad dang | mthar gyis gnas pa'i snyoms par 'jug pa dgu dang | rnam par thar pa'i sgo stong pa nyid dang | mtshan ma med pa dang | smon pa med pa dang | mngon par shes ba lnga dang | ting nge 'dzin rnams dang | gzungs kyi sgo rnams la rab tu 'god do || yang dag pa'i skyon med par 'jug par byed do || rgyun tu zhugs pa'i 'bras bu dang | lan cig phyir 'ong ba'i 'bras bu dang | phyir mi 'ong ba'i 'bras bu dang dgra bcom pa nyid thob par byed do || rang byang chub thob par byed do || bla na med pa yang dag par rdzogs pa'i byang chub tu yang dag par skul lo || kye skyes bu dag bla na med pa yang dag par rdzogs pa'i byang chub ni mngon bar rdzogs par 'tshang rgya bar mi dka' ste | phyin ci log gis rmongs pa'i sems can rnams kyis khong du mi chud pa ma gtogs par chos gang la sems can rnams chags par gyur pa'i chos de lta bu gang yang ngo bo nyid kyis yod pa med kyis | phyin ci log gi 'dzin pa thams cad rgyun chod la 'khor ba las bdag cag kyang thar bar gyis shig | gzhan yang thar bar gyis shig | de ltar khyed kyang don chen por gyis shig | gzhan yang don chen po la sbyor cig ces yang dag par skul bar byed de | rab 'byor de ltar byang chub sems dpa' sems dpa' chen pos sbyin pa'i pha rol du phyin pa la spyad par bya ste | de ltar spyod pa'i tshe ci nas kyang sems dang po bskyed pa nas nye bar bzung ste | nam yang ngan song du mi ltung ba dang | nam yang 'khor los sgyur ba'i rgyal po mi byed bar mi 'gyur ba de ltar spyod do || de ci'i phyir zhe na | sa bon ji ltar ba bzhin du 'bras bu 'byung ste | 'khor los sgyur ba'i rgyal po de'i drung du slongs mo ba gang ji snyed cig 'ongs kyang | 'khor los sgyur ba'i rgyal po de 'di snyam du sems te | bdag gis sems can rnams kyi don ma gtogs par gzhan gyi don du 'khor los sgyur ba yongs su ma bzung ngo zhes de 'di skad ces zer te | su ci 'dod pa de khyed byin gyis 'di ni nga'i ma yin gyi khyed kyi'o || nga ni nang gi gzugs la 'ang don du gnyer ba med na | gzhan la lta ci smos te | gzhan du na ngas sems can rnams kyi don du 'khor ba yongs su bzung gi | bdag gi don du ni 'khor ba don du gnyer ba ma yin no zhes te | de snying brtse bas snying rje chen po yongs su rdzogs par byas shing | snying rje chen pos sems can rnams kyi don byed kyang | sems can gang yongs su grub pa de lta bu mi dmigs te | gzhan du na 'du shes dang | ming dang tha snyad kyis rnam par spyod de | rnam par spyod sa de yang sgra brnyan lta bur rnam par sbyar du med bar shes so ||

《大般若波罗蜜多经・第二会》卷475《无阙品》(T.7, no. 220, 406c7–407a7)

復令安住四念住乃至八聖道支，復令安住空、無相、無願解脱門。是菩薩摩訶薩令諸有情住如是等諸善法已，或令趣入正性離生，得預流果乃至令得阿羅漢果；或令趣入正性離生，漸次證得獨覺菩提；或令趣入正性離生，漸次修學諸菩薩地，速趣無上正等菩提。復告彼言："諸善男子！當發大願速趣無上正等菩提，作諸有情饒益勝事。諸有情類虛妄分別所執諸法都無自性，但由顛倒妄執爲有，是故汝等常當精勤，自除顛倒亦勸他斷，自脱生死亦令他脱，自獲大利亦令他得。" 善現！諸菩薩摩訶薩常應如是修行布施波羅蜜多，由此布施波羅蜜多，從初發心乃至究竟不墮惡趣貧賤邊鄙，爲欲饒益諸有情故，多生人趣作轉輪王，富貴自在多所饒益。所以者何？隨業威勢獲如是果。謂彼菩薩作輪王時，見乞者來便作是念："我爲何事流轉生死作轉輪王，豈我不爲饒益有情住生死中，受斯勝果不爲餘事？" 作是念已，告乞者言："隨汝所須皆當施與，汝取物時如取己物勿作他想。所以者何？我爲汝等得饒益故，而受此身積聚財物，故此財物是汝等有，隨汝自取，若自受用，若轉施他，莫有疑難。" 是菩薩摩訶薩如是憐愍諸有情時，無緣大悲疾得圓滿。由此大悲疾圓滿故，雖恒饒益無量有情，而於有情都無所得，亦復不得所獲勝果，能如實知："但由世俗言説施設，饒益種種諸有情事。" 又如實知："所施設事皆如谷響，雖現似有而無真實。" 由此於法都無所取。

妙法莲华经
Saddharmapuṇḍarīkasūtra

一 （赛克勒博物馆临时编号 L 2012.0025）

曾发表于 Guan 2014, Fragment 1

平行文本：SP(O) 22r6–25r7; SP(KN) 16.7–17.14

正面

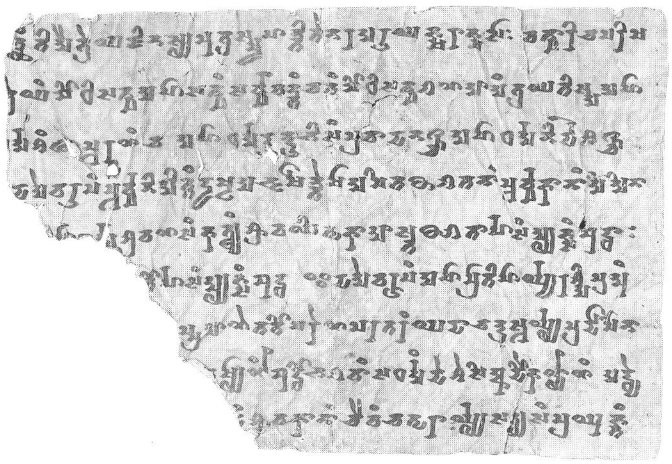

1 /// + cchaṃti maitreya jinasya putra spṛhanti te naramaruyakṣarākṣasāḥ catvāri ca pariṣa

2 /// + [tr]eyaṃ bodhisatva<ṃ> mahāsatvaṃ sarvvāvantaṃ ca taṃ bodhisatvagaṇam āmaṃtrayati sma mahā

3 /// .. rmaśaṃkhāpūraṇaṃ ca mahādharmadundubhisaṃpravādanañ ca mahādharmanirdeśañ ca

4 /// | dam evarupaṃ① pūrvvanimittaṃ dṛṣṭam abhūṣīt teṣām api tathāgatanāṃ② pūrvvakānāṃm iminā

5 /// + + + [h]ā[dha]rmaśravaṇasaṃkatthyaṃ śrāvayitukāmās tathāgatārha saṃmyaksaṃbuddhāḥ

6 /// + + + + + + + + + [t]o (’)rha saṃmyaksaṃbuddha idam evarūpaṃ mahāprātihāryya raśmipramuṃ

7 /// + + + + + + + + + + [p]pramāṇe tato pareṇa parataraṃ yadā candrasūryyapradīpo nā

8 /// + + + + + + + + + + + [nu]ṣyāṇāṃ buddho bhagavāṃ sa dharmaṃ deśesi ādau kalyāṇaṃ maddhye

9 /// + + + + + + + + + + + + + + [da]ṃ śrāvakānāṃ caivaṃ caturāryyasatyasaṃprayuktaṃ

---

① *evarupaṃ*: 应该读作 *evarūpaṃ*。

② *tathāgatanāṃ*: 应该读作 *tathāgatānāṃ*。

SP(O) 22r6–24r2

pṛcchaṃti metraiya jinasya putra<ṃ> spṛhayaṃti te naramaruyakṣarākṣasā · catvāri ca pariṣa udīkṣi sarvā maṃjusvara<ḥ> ki<ṃ> nv iha vyākariṣyatīti 55 < 56 > ||

atha khalu maṃjuśrīḥ kumārabhūto maitreyaṃ bodhisatvaṃ mahāsatvaṃ sarvāvantaṃ ca taṃ bodhisatvagaṇam āmaṃtrayitvam āha mahādharmaśravaṇasā<ṃ>kathyam idaṃ kulaputrā<ḥ> satkrritya <ta>thāgatasyābhipreta<ṃ> · mahādharmavarṣābhipravarṣaṇaṃ ca · mahādharmaśaṃkhāprapūraṇaṃ ca · mahādharmabherīparāhanaṃ ca · mahādharmaduṃdubhisaṃpravādanaṃ ca < · > mahādharmadhvajasamucchrepaṇaṃ ca · mahādharmolkāsaṃprajvālanaṃ ca · mahādharmakośavivaraṇam idaṃ kulaputrā mahādharmaśabdapravyāharaṇaṃ ca mahādharmanirdeśañ cāyaṃ kulaputrāḥ satkṛtya tathāgata nirdeṣṭukāmaḥ yathā me kulaputra ākhyāyati · yathā ca mayā pūrvakānāṃ tathāgatānām arhatāṃ samyaksaṃbuddhānāṃ sāntikād idam evarūpaṃ dharma{ṃ}deśanāpūrvanimittaṃ dṛṣṭam abhūt teṣāṃm ahaṃ kulaputrā · pūrvakānāṃ tathāgatānām anenaivaṃrūpeṇa raśmipramuṃcanāvabhāsenaivaṃ jānāmi · mahādharmaśravaṇasā<ṃ>kathyaṃ satkṛtya tathāgataḥ kartukāma · mahādharmaśravaṇaṃ satkṛtya śrāvayitukāmaḥ kulaputrā<s> tathāgatā arhantaḥ samyaksaṃbuddhā idam evarūpaṃ dharmadeśanāpūrvanimittaṃ prāduṣkurvaṃti · tat kasya heto sarvalokavipratyayanīyaṃ hi{ra} dharmaparyāyaṃ śrāvayitukāmas tathāgato 'rhān samyaksaṃbuddhaḥ yasmād idam evarūpaṃ mahāṛddhi prātihāryam upadarśayati sarvalokāvabhāsakarī<ṃ> raśmiṃ pramuṃcati · mahatā 'vabhāsena pūrvanimittaṃ darśayati ||

anusmarāmy ahaṃ kulaputrā atīte 'dhvani asaṃkhyeyai · kalpair asaṃkhyeyatarair vipulair apramāṇair acintyair aparimitair aprameyaiḥ tataḥ pareṇa paratareṇa yadāsīt tena kālena tena samayena candrasūryapradīpo nāma tathāgato 'rhān samyaksaṃbuddho loke udapādi vidyācaraṇasaṃpannaḥ sugato lokavid anuttaraḥ puruṣadamyasārathiḥ śāstā devamanuṣyāṇāṃ buddho bhagavān sa {d}dharma<ṃ> {d} deśayati sma · ādo kalyāṇaṃ madhye kalyāṇaṃ paryavasāne kalyāṇaṃ svarthaṃ suvyaṃjanaṃ kevalaṃ paripūrṇaṃ pariśuddhaṃ paryavadātaṃ brahmacaryaṃ saṃprakāśayāmāsa · yad idaṃ śrāvakānāṃ caiva caturāryasatyasaṃprayuktaṃ kathāṃ pratītyasamutpādapravṛttiṃ dharmaṃ deśayati sma ·

SP(Tib) 7b1–8a4

rgyal ba'i sras la byams pas kun dris nas ||
lha mi gnod sbyin srin po de dag dga' ||
'jam dbyangs 'dir ni ci zhig lung ston ces ||
'khor rnams bzhi po de dag shin tu sdod ||

de nas 'jam dpal gzhon nur gyur pas byang chub sems dpa' sems dpa' chen po byams pa dang | thams cad dang ldan pa'i byang chub sems dpa'i tshogs de la smras pa | rigs kyi bu dag 'di ni de bzhin gshegs pa chos chen po bsgrags pa'i 'bel ba'i gtam mdzad par dgongs pa'o || rigs kyi bu dag 'di ni de bzhin gshegs pas chos kyi char chen po mngon par dbab pa dang | chos kyi rnga chen po rab tu brdung ba dang | chos kyi rgyal mtshan chen po bsgreng ba dang | chos kyi sgron ma chen po rab tu 'bar bar mdzad pa dang | chos kyi dung chen po rab tu 'bud pa dang | chos kyi rnga bo che chen po rab tu brdung ba dang | chos bstan pa chen po mdzad par dgongs pa ste | rigs kyi bu dag bdag ji ltar spobs pa dang | ji ltar sngon gyi de bzhin gshegs pa dgra bcom pa yang dag par rdzogs pa'i sangs rgyas rnams kyi snga ltas 'di lta bu 'di bdag gis mthong ste | sngon gyi de bzhin gshegs pa de dag gis kyang | 'od zer gyi snang ba 'di btang bas | bdag ni 'di ltar de bzhin gshegs pa yang chos chen po bsgrag pa'i 'bel ba'i gtam mdzad par bzhed pa dang | chos chen po bsgrags pa thos par mdzad pa bzhed pas 'di lta bu'i snga ltas 'di mdzad pa snyam byed do || de ci'i phyir zhe na | de bzhin gshegs pa dgra bcom pa yang dag par rdzogs pa'i sangs rgyas 'jig rten thams cad dang mi 'thun pa'i chos kyi rnam grangs bsgrag par bzhad pas snga ltas cho 'phrul chen po 'od zer rab tu btang ba'i snang ba 'di lta bu 'di ston to ||

rigs kyi bu dag bdag gis dran pa 'das pa'i dus na bskal pa grangs med pa'i yang ches grangs med pa yangs pa dpag tu med pa bsam gyis mi khyab pa dpag gis mi lang ba tshad med pa de'i pha rol gyi yang ches pha rol tu gyur pa de'i tshe de'i dus na | de bzhin gshegs pa dgra bcom pa yang dag par rdzogs pa'i sangs rgyas rig pa dang zhabs su ldan pa bde bar gshegs pa 'jig rten mkhyen pa skyes bu 'dul ba'i kha lo sgyur ba bla na med pa lha dang mi rnams kyi ston pa sangs rgyas bcom ldan 'das nyi zla sgron ma zhes bya ba 'jig rten du byung ste | des chos bstan pa tshangs par spyod pa thog mar dge ba bar du dge ba tha mar dge ba don bzang po tshig 'bru bzang po ma 'dres pa yongs su rdzogs pa yongs su dag pa yongs su byang ba yang dag par ston te 'di lta ste | nyan thos rnams la ni skye ba dang rga ba dang | na ba dang 'chi ba dang | mya ngan dang smre sngags 'don pa dang | sdug bsngal ba dang | yid mi bde ba dang 'khrug pa las shin tu bzla ba'i phyir | mya ngan las 'das pa'i mthar thug pa 'phags pa'i bden pa bzhi dang ldan pa | rten cing 'brel par 'byung ba la 'jug pa'i chos ston to ||

《妙法莲华经》卷1《序品》(T. 9, no. 262, 3c8–23)

及見諸佛,此非小緣。文殊當知,四衆龍神,瞻察仁者,爲説何等。

爾時文殊師利語彌勒菩薩摩訶薩及諸大士、善男子等:“如我惟忖,今佛世尊欲説大法,雨大法雨,吹大法螺,擊大法鼓,演大法義。諸善男子!我於過去諸佛,曾見此瑞,放斯光已,即説大法。是故當知,今佛現光,亦復如是,欲令衆生,咸得聞知一切世間難信之法,故現斯瑞。

諸善男子!如過去無量無邊不可思議阿僧祇劫,爾時有佛,號日月燈明如來、應供、正遍知、明行足、善逝世間解、無上士、調御丈夫、天人師、佛、世尊,演説正法,初善中善後善,其義深遠,其語巧妙,純一無雜,具足清白梵行之相。爲求聲聞者説應四諦法,

背面

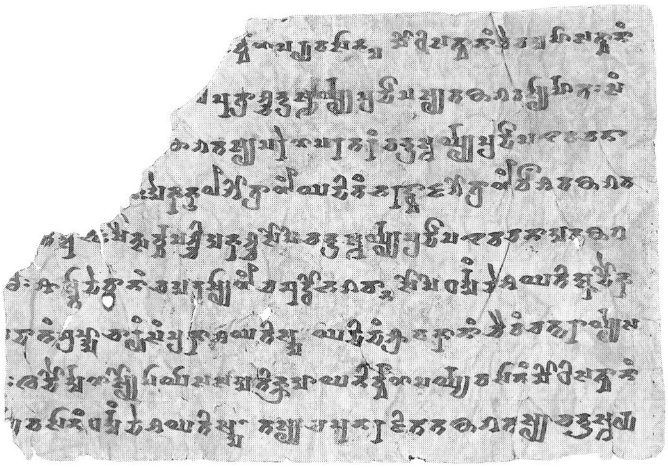

1 /// + + + + + + + + + .. rvvāṇaparyavasānam* bodhisatvānāṃ c[ai]va mahāsatvānāṃ

2 /// + + + + + + + + + + [la]putrāś candrasūryyapradīpasya tathāgatasyārhataḥ saṃ

3 /// + + + + + + + thāgatasya pareṇa parataraṃ candrasūryyapradīpa eva ca nā

4 /// + + + + .. m ekakulagotrāṇāṃ yad itaṃ[1] bharaddhvājagotraṇāṃ vīṃśa<ti>tathāgata

5 /// + [t]. abhūṣīt sarvvapaścimakaś ca so (')pi candrasūryyapradīpa eva ca nāma tathāga

6 /// th[i]ḥ śāstā devānāṃ ca manuṣyāṇāṃ ca buddho bhagavān* so (')pi dharmaṃ deśayati ādau ka

7 /// .. dātaṃ brahmacāryaṃ saṃprakāśayati sma yad idaṃ śrāvakāṇāṃ caivaṃ caturāryyasa

8 /// + ḥkhadaurmaṇasyopāyāsasamatikkramāya nirvvāṇaparyyavasānaṃ bodhisatvānāṃ

9 /// .[ya]vasānaṃ dharmaṃ deśayati sma · tasya ca punar ajitatathāgatasya candrasūrya

SP(O) 24r2–25r7

jātijarāvyādhimaraṇaśokaparidevaduḥkhadaurmanasyopāyāsānāṃ samati krramāya nirvāṇaparyavasānaṃ dharmaṃ deśayati sma · bodhisatvānāṃ ca mahāsatvānāṃ ṣaṭpāramitāpratisaṃyuktāṃ kathām anuttarāṃ samyaksaṃbodhim ārabhya sarvajñānaparyavasānaṃ dharmaṃ deśayati sma · tasya khalu punar ajita bhagavataś candrasūryapradīpasya tathāgatasyārhataḥ samyaksaṃbuddhasya pareṇa paratareṇa candrasūryapradīpa eva ca nāmnā tathāgato 'rhāṃ samyaksaṃbuddho loke udapādi : tasyāpi candrasūryapradīpasya tathāgatasya pareṇa paratareṇa candrasūryapradīpa eva ca nāmnā tathāgato 'bhūt anenājita paraṃparodāharaṇena candrasūryapradīpanāmnā<ṃ> tathāgatānāṃm arhatāṃ samyaksaṃbuddhānām ekanāmadheyānām ekakulagotrāṇāṃ yad idaṃ bharadvājagotrāṇāṃ viṃśa<ti>tathāgatasahasrāṇy abhūvat teṣāṃ khalu punar ajita viṃśatīnāṃ tathāgatasahasrāṇāṃ pūrvakaṃ tathāgatam upādāya yāvat paścimakas tathāgataḥ so 'pi candrasūryapradīpa<ś> ca eva nāmnā tathāgato 'rhā samyaksaṃbuddho babhūva : so 'pi dharmaṃ deśayati sma : ādau kalyāṇaṃ madhye kalyāṇaṃ

① itaṃ: 应该读作 idaṃ。

paryavasāne kalyāṇaṃ svarthaṃ suvyaṃjanaṃ kevalaṃ paripūrṇaṃ pariśuddhaṃ paryavadātaṃ brahmacaryaṃ saṃprakāśayati sma · yad idaṃ śrāvakānāṃ caiva caturāryasatya{ṃ}saṃprayuktāṃ kathāṃ pratītyasamutpādapravṛttiṃ dharmaṃ deśayati sma · jātijarāvyādhimaraṇaśokaparideva-duḥkha daurmanasyaupāyāsānāṃ samatikrramāya nirvāṇaparyavasānaṃ bodhisatvānāṃ ca mahāsatvānāṃ ṣaṭpāramitāpratisaṃyuktāṃ kathāṃ unuttarāṃ samyaksaṃbodhim ārabhya sarvajñajñānaparyavasānaṃ dharmaṃ deśayati sma · tasya ca khalu punar ajita bhagavataś candrasūryapradīpasya tathāgatasyārhataḥ samyaksaṃbuddhasya pūrve kumārabhūtasyānabhiniṣkrrānta-gṛhāvāsasyāṣṭo putrāṇi babhūvus

SP(Tib) 8a4–b4

byang chub sems dpa' sems dpa' chen po rnams la ni bla na med pa yang dag par rdzogs pa'i byang chub las brtsams te | pha rol tu phyin pa drug dang ldan pa thams cad mkhyen pa'i ye shes kyi mthar thug pa'i chos ston to || rigs kyi bu dag de bzhin gshegs pa dgra bcom pa yang dag par rdzogs pa'i sangs rgyas nyi zla sgron ma de'i pha rol gyi yang ches pha rol na | yang de bzhin gshegs pa dgra bcom pa yang dag par rdzogs pa'i sangs rgyas nyi zla sgron ma zhes bya ba zhig 'jig rten du byung ste ma pham pa 'di ltar snga rol dang snga rol brjod pa'i tshul 'dis | de bzhin gshegs pa dgra bcom pa yang dag par rdzogs pa'i sangs rgyas nyi zla sgron ma zhes bya bar mtshan gcig pa rigs dang gdung gcig pa sha stag ste | 'di ltar bharadhvāja'i rigs su 'thun pa de bzhin gshegs pa nyi khri byung ngo || ma pham pa de la de bzhin gshegs pa nyi khri po de dag thog ma'i de bzhin gshegs pa nas tha ma'i de bzhin gshegs pa'i bar du de dag gis chos bshad pa yang | tshangs par spyod pa thog mar dge ba bar du dge ba tha mar dge ba don bzang po tshig 'bru bzang po ma 'dres pa yongs su rdzogs pa yongs su dag pa yongs su byang ba yang dag par ston te 'di lta ste | nyan thos rnams la ni skye ba dang rga ba dang na ba dang 'chi ba dang | mya ngan dang smre sngags 'don pa dang sdug bsngal ba dang yid mi bde ba dang 'khrug pa las shin tu bzla ba'i phyir | mya ngan las 'das pa'i mthar thug pa 'phags pa'i bden pa bzhi dang ldan pa rten cing 'brel par 'byung ba la 'jug pa'i chos ston to || byang chub sems dpa' sems dpa' chen po rnams la ni bla na med pa yang dag par rdzogs pa'i byang chub las brtsams te | pha rol tu phyin pa drug dang ldan pa rnam pa thams cad mkhyen pa'i ye shes kyi mthar thug pa'i chos ston to || ma pham pa 'di ltar yang bcom ldan 'das de bzhin gshegs pa dgra bcom pa yang dag par rdzogs pa'i sangs rgyas nyi zla sgron ma de sngon gzhon nur gyur cing khab na bzhugs pa las mngon par ma byung ba'i tshe sras brgyad yod par gyur te 'di lta ste |

《妙法莲华经》卷1《序品》(T. 9, no. 262, 3c24–4a4)

爲諸菩薩説應六波羅蜜，令得阿耨多羅三藐三菩提，成一切種智。次復有佛亦名日月燈明，次復有佛亦名日月燈明，如是二萬佛，皆同一字，號日月燈明，又同一姓，姓頗羅墮。彌勒當知，初佛後佛，皆同一字，名日月燈明，十號具足。所可説法，初中後善。

其最後佛，未出家時有八王子：一名有意，二名善意，三名無量意，四名寶意，五名增意，六名除疑意，七名嚮意，八名法意。

二 （赛克勒博物馆临时编号 L 2012.0017）

平行文本：SP(O) 71r5−74v2; SP(KN) 66.6−69.13

正面

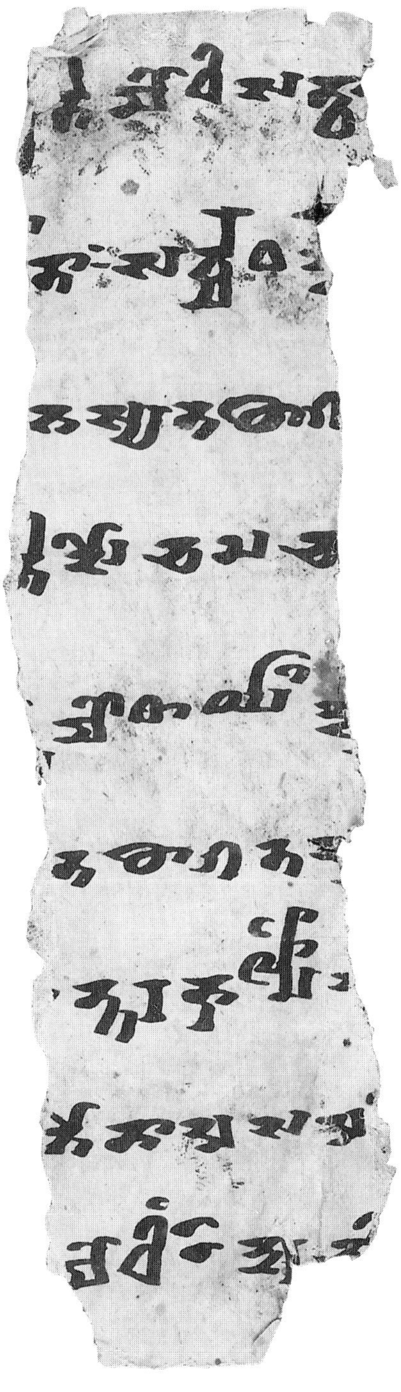

1 /// .. te bodhisatvā .. ///

2 /// .. tāḥ sarvvadhar[m]. + ///

3 /// + [bh]asya tathāga(ta) + + ///

4 /// t[i] so ca pa .. + + ///

5 /// .. bodhāyāṃ .. + ///

6 /// tathāgata .. ///

7 /// .. ntarakalpāṃ .. ///

8 /// bho nāma sama .. ///

9 /// bodhiṃ : a .. + ///

SP(O) 71r5–72v7

tena khalu punaḥ śāradvatīputra bodhisatvā mahāsatvās tasmiṃ buddhakṣetre yadbhūyo ratnapadmavikrramā bhaviṣya<ṃ>t · anādikarmikāś ca te bodhisatvā bhaviṣyaṃti ciracaritakuśalamūla bahubuddhakoṭinayutaśata sahasracīrṇacaritabrahmacaryās tathāgatābhisaṃstutā buddhayānābhiyuktā mahābhijñāsu parikarmanirjitā · sarvadharmeṣu {pu}nayakuśalā mārdavā · smṛtimanto yadbhūyiṣṭhaṃ śāradvatīputaivaṃrūpāṇāṃ bodhisatvānāṃ mahāsatvānāṃ paripūrṇaṃ tad buddhakṣetraṃ bhaviṣyati · tasya khalu punaḥ śāradvatīputra padmaprabhasya tathāgatasya dvādaśo 'bhyantarakalpān āyuṣpramāṇaṃ bhaviṣyati · sthāpayitvā kumārabhūtasya teṣāñ ca satvānāṃm aṣṭo abhyantarakalpān āyuṣpramāṇaṃ bhaviṣyati · sa ca padmaprabhas tathāgato dvādaśānām abhyantarakalpānām atyayena dhṛtiparipūrṇaṃ nāma bodhisatvaṃ mahāsatvaṃ vyākṛtvā 'nuttarāyāṃ samyaksaṃbodhi parinirvāsyati · ayaṃ hi bhikṣavo dhṛtiparipūrṇo bodhisatvo mahāsatvo mamānanturād anuttarāṃ samyaksaṃbodhim abhisaṃbhotsyati padmavṛṣabhavikramo nāma tathāgato 'rhā<ṃ> samyaksaṃbuddho loke bhaviṣyati · vidyācaraṇasaṃpannaḥ sugato lokavid anuttaraḥ puruṣadamyasārathi<ḥ> śāstā devamanuṣyānāṃ buddho bhagavā{ṃ}n tasyāpi śāradvatīputra padmavrrṣabhavikrramasya tathāgatasyaivarūpam eva buddhakṣetraṃ bhaviṣyati tad yathā 'pi nāma tasya bhagavataḥ padmaprabhasya tathāgatasya · tasya khalu punaḥ śāradvatīputra padmavṛṣabhavikrramasya tathāgatasya dvāviṃśad abhyantarakalpān parinirvṛtasya saddharmaḥ sthāsyati dvāviṅśa<c> cāsyābhyantarakalpāṃ saddharma{n}pratirūpakaṃ sthāsyati · atha khalu bhagavāṃs tasyāṃ velāyāṃm imā gāthā abhāṣata : ||*

bhaviṣyasi tvam api śāradvatīputra anāgate 'dh<v>āni tathāgato
jinaḥ padmaprabho nāma <samaṃ>tacakṣur vineṣyase prāṇasahasrakoṭayaḥ 1
*bahubuddhakoṭīna ca pūja kṛtvā cāryāṃ bahū<ṃ> tatra caritva śreṣṭhām**
utpādayitvā ca daśo balāni spṛśiṣyase uttamam agrabodhim 2*
acintike hy aparimitasmi kalpe prabhūtaratnaś ca sa kalpa bheṣyasi ·
virajā ca nāma tatha lokadhatu<ḥ> kṣetraṃ viśuddhaṃ dvipadottamasya 3

SP(Tib) 27a6–28a1

shā ri'i bu 'di ltar yang de'i tshe | byang chub sems dpa' rnams sangs rgyas kyi zhing de na phal cher rin po che'i pad ma'i steng nas gom pa 'dor zhing 'gro bar 'gyur te | byang chub sems dpa' 'byung ba de dag ni las dang po pa ma yin te | dge ba'i rtsa ba yun ring po nas spyad pa | lo brgya stong mang por tshangs par spyod pa spyad pa | de bzhin gshegs pas yongs su bstod pa | sangs rgyas kyi ye shes la brtson pa mngon par shes pa chen po yongs su sbyangs pa las skyes pa | chos kyi tshul thams cad la mkhas pa | mnyen pa dran pa dang ldan pa yin te | shā ri'i bu phal cher ni byang chub sems dpa' de lta bus sangs rgyas kyi zhing de yongs su gang bar 'gyur ro || shā ri'i bu 'di ltar yang de bzhin gshegs pa pad ma'i 'od de'i tshe'i tshad ni | gzhon nur gyur pa ma gtogs par bar gyi bskal pa bcu gnyis su 'gyur ro || sems can de dag gi tshe'i tshad ni bar gyi bskal pa brgyad du 'gyur ro || shā ri'i bu de bzhin gshegs pa pad ma'i 'od de'i bar gyi bskal pa bcu gnyis 'das pa dang | dge slong dag byang chub sems dpa' sems dpa' chen po mos pa rdzogs pa 'di nga'i 'og tu bla na med pa yang dag par rdzogs pa'i byang chub mngon par rdzogs par 'tshang rgya ste | de bzhin gshegs pa dgra bcom pa yang dag par rdzogs pa'i sangs rgyas rig pa dang zhabs su ldan pa | bde bar gshegs pa 'jig rten mkhyen pa skyes bu 'dul ba'i kha lo sgyur ba | bla na med pa lha dang mi rnams kyi ston pa sangs rgyas bcom ldan 'das pad ma'i khyu mchog rnam par gnon pa zhes bya bar 'jig rten du 'byung ngo zhes byang chub sems dpa' sems dpa' chen po mos ba rdzogs pa zhes bya ba bla na med pa yang dag par rdzogs pa'i byang chub tu lung bstan nas | yongs su mya ngan las 'da' bar 'gyur ro || shā ri'i bu de bzhin gshegs pa pad ma'i khyu mchog rnam par gnon pa de'i sangs rgyas kyi zhing yang rnam pa de 'dra bar 'gyur ro || yang shā ri'i bu de bzhin gshegs pa pad ma'i 'od de yongs su mya ngan las 'das nas bar gyi bskal pa sum cu rtsa gnyis su dam pa'i chos gnas par 'gyur ro || bar gyi bskal pa sum cu rtsa gnyis su dam pa'i chos kyi gzugs brnyan gnas par 'gyur ro || de nas bcom ldan 'das kyis de'i tshe tshigs su bcad ba 'di dag bka' stsal to ||

ma 'ongs dus na shā ri'i bu khyod kyang ||
rgyal ba de bzhin gshegs par 'byung 'gyur te ||
pad ma'i 'od ces bya ba kun tu spyan ||
srog chags bye ba stong dag rnam par 'dul ||
sangs rgyas bye ba mang la bkur sti byas ||
der ni spyod pa stobs rnams rab bsgrubs nas ||
stobs bcu dag kyang mngon par bskyed byas te ||
byang chub dam pa mchog kyang thob par 'gyur ||
tshad med bsam gyis mi khyab bskal pa na ||
de tshe bskal pa rin chen mang po 'byung ||
'jig rten ming yang de tshe rdul med pa ||
rkang gnyis gtso bo'i zhing ni rnam par dag |

《妙法莲华经》卷2《譬喻品》(T. 9, no. 262, 11b27–c18)

(彼諸菩薩，無量無邊，不可思議，算數譬喻所不能及，非佛智力無能知者。)若欲行時，寶華承足。此諸菩薩，非初發意，皆久殖德本，於無量百千萬億佛所淨修梵行，恒爲諸佛之所稱歎。常修佛慧，具大神通，善知一切諸法之門，質直無僞，志念堅固。如是菩薩，充滿其國。

舍利弗！華光佛壽十二小劫，除爲王子未作佛時。其國人民，壽八小劫。華光如來過十二小劫，授堅滿菩薩阿耨多羅三藐三菩提記。告諸比丘："是堅滿菩薩次當作佛，號曰華足安行、多陀阿伽度、阿羅訶、三藐三佛陀，其佛國土，亦復如是。"舍利弗！是華光佛滅度之後，正法住世三十二小劫，像法住世亦三十二小劫。

爾時世尊欲重宣此義，而說偈言：

舍利弗來世，成佛普智尊，號名曰華光，當度無量衆。

供養無數佛，具足菩薩行，十力等功德，證於無上道。
過無量劫已，劫名大寶嚴，世界名離垢，清淨無瑕穢。

背面

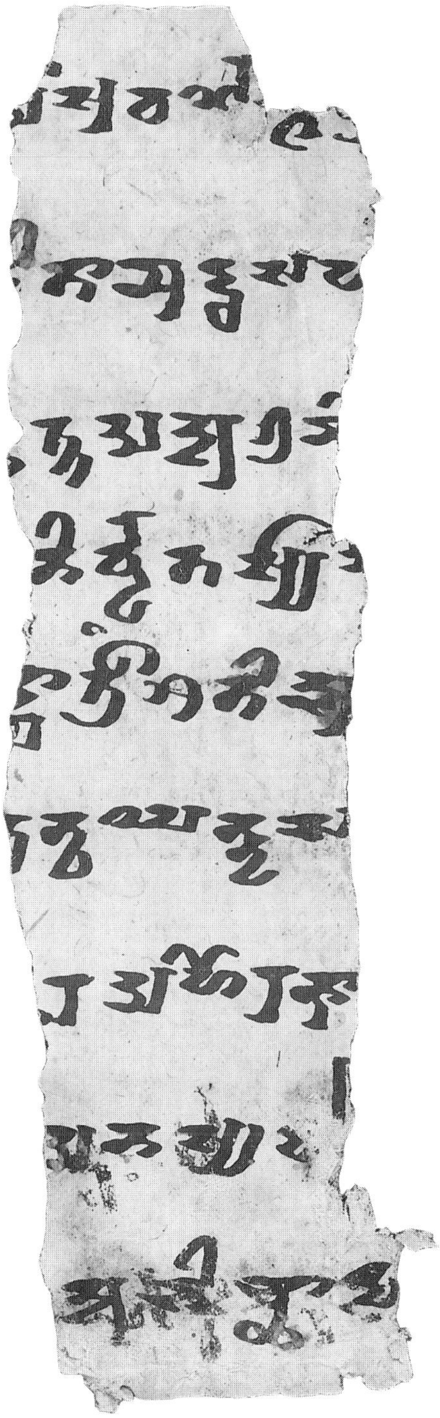

1 /// .ī suvarṇa[s]ū .. ///

2 /// .itā buddhasa[h]. ///

3 /// .. ttama agra[bo] ///

4 /// .. nirvṛtasyā .. ///

5 /// [dv]ātrīṃśati a ///

6 /// .. tvayan tu sa ///

7 /// ..ramahorakā ///

8 /// manasya[j](ā) ///

9 /// .. abhicchā[da] + ///

SP(O) 72v7–74v2

vaiḍūryasaṃstīrṇa tathaiva bhūmiḥ suvarṇasūtrebhir alaṃkṛtā ca ·
ratnāmayair vṛkṣaśatair vicitritā suda<r>śanīyai · phalapuṣpapaṇḍitaiḥ 4
smṛtimanta tatra bahū bodhisatvāś cāryāya nirhāra<su>kovidāś ca ·
ye śikṣitā buddhasahasrakoṭiṣu te tatra kṣetre upapadya teṣyate 5
sa ca jina<ḥ> paścimake samucchraye kumārabhūmim apanāmayittā ·
jahitva kāmān abhiniṣkrramiṣyati spṛśiṣyate uttamam agrabodhim 6*
sa dvādaśo 'bhyantarakalpa tasya bhaviṣyate āyu jinasya tatra ·
manujānam abhyantarakalpa aṣṭo āyuṣpramāṇaṃ tahi kṣetri bheṣyati 7
*parinirvṛtasyāmi jinasya tasya dvāvi{ṃ}ṅśatī antarakalpa pūrṇān**
saddharma saṃsthāsyati tasmi kāle hitāya lokasya sadevakasya 8
saddharmi kṣīṇe pratirūpako 'sya <dvā>viṅśatī abhyantarakalpa sthāsyati
śarīra vaistārika tasya bhonti supūjitā naramaruyakṣarākṣasai<ḥ> 9 ||
etādṛśaḥ so bhagavā{ṃ}n bhaviṣyati prahṛṣṭa bhohi tvaya śāriputra
tvayaṃ tu sas tādṛśaka bhaviṣyasi anābhibhūto dvipadāna uttama <10> iti ||

atha khalu {bhagavā} tāś catasraḥ pariṣado bhikṣubhikṣuṇyupāsakopāsikā bahūni ca devanāgayakṣagandharvāsuragaruḍakinnaramahoragamanuṣyā manuṣyaśatasahasrāṇy āyuṣmata · śāradvatīputrasyaimaṃ vyākaraṇam anuttarāyāṃ samyaksaṃbodhau bhagavataḥ sāntikāt saṃmukhaṃ śrutvā tuṣṭodagra āttamanasaḥ pramuditaḥ prītisaumanasyajātāḥ svakasvakair uttarāsaṃgair bhagavantam ācchādayāmāsuḥ śakrraś ca devendro brahma ca sahaṃpati · divyair vastrair bhagavantam abhyavakirinsuḥ anye ca devaputraśatasahasrakoṭayo bhagavaṃtaṃ divyair vastrai · r āc<ch>ādayinsu · divyaiś ca mandāravamahāmadāravapuṣpair bhagavantam abhyavakirinsu · divyāni ca celaśatasahasrāṇy apary aṃtarīkṣe 'bhyārayinsu · divyāni ca tūryaśatasahasrāṇy upary antarīkṣe pravādayinsu · divyaduṃdubhayaś cāntarīkṣe parāhaninsu · mahaṃtaṃ ca puṣpavarṣam abhipravarṣinsu · evaṃ ca vācaṃ bhāṣi{ṃ}nsu · pūrvaṃ ca bhagavatā bārāṇasyām ṛṣavasane mṛgadāpe dharmacakrraṃ <pra>vartitam idaṃ ca punar bhagavatā 'dya-m-anuttaraṃ mahādharmacakrraṃ pravartitam iti ·

SP(Tib) 28a1–b2

bai dūrya yis de bzhin sa gzhi g.yogs ||
gser gyi skud pas so sor rab tu brgyan ||
me tog 'bras bus brgyan zhing blta sdug pa'i ||
rin chen shing ljon brgya dang rab tu ldan ||
dran ldan byang chub sems dpa' de na mang ||
spyod pa mngon par bsgrub la rab mkhas shing ||

gang gis sangs rgyas brgya las spyod bslabs pa ||

de dag sangs rgyas zhing der skye bar 'gyur ||

rgyal ba de yi tha ma'i dus kyi tshe ||

gzhon nu'i las shin tu 'das gyur nas ||

'dod pa rnam par spangs nas mngon 'byung ste ||

byang chub dam pa mchog kyang thob par 'gyur ||

de na rgyal ba de'i tshe tshad ni ||

bar gyi bskal pa bcu gnyis tshad par 'gyur ||

de na mi de dag gi tshe tshad ni ||

bar gyi bskal pa brgyad du thub par 'gyur ||

rgyal ba de ni mya ngan 'das nas kyang ||

bar gyi bskal pa sum cu gnyis tshang bar ||

lhar bcas 'jig rten rnams la phan pa'i phyir ||

de yi tshe na dam pa'i chos gnas so ||

dam pa'i chos nub de yi gzugs brnyan yang ||

bar gyi bskal pa sum cu gnyis su gnas ||

skyob pa de yi sku gdung rgyas 'gyur te ||

lha dang mi yis rtag tu rim gro byas ||

bcom ldan 'das de de ltar 'byung 'gyur gyis ||

shā ri'i bu khyod rab tu dga' bar gyis ||

zil gyis mi non rkang gnyis gtso bo ste ||

de ltar 'gyur ba de ni khyod nyid yin ||

de nas dge slong dang dge slong ma dang dge bsnyen dang dge bsnyen ma 'khor bzhi bo de dag dang lha dang klu dang gnod sbyin dang dri za dang lha ma yin dang nam mkha' lding dang [28a.6] mi 'am ci dang lto 'phye chen po dang mi dang mi ma yin pa rnams tshe dang ldan pa shā ri'i pu bla na med pa yang dag par rdzogs pa'i byang chub tu lung bstan pa 'di | bcom ldan 'das las mngon sum du thos nas | tshim zhing mgu la yi rangs te rab tu dga' nas | dga' ba dang yid bde ba skyes te | rang rang gi gos bcom ldan 'das kyi sku la gsol to || lha'i dbang po brgya byin dang mi mjed kyi bdag po tshangs pa dang lha'i bu gzhan bye ba brgya stong dag gis kyang bcom ldan 'das kyi sku la lha'i na bza' dag gsol | lha'i me tog man dā ra dang man dā ra chen po dag kyang mngon par gtor | steng gi bar snang la lha'i gos dag kyang bskon | lha'i sil snyan brgya stong dang rnga dag kyang steng gi bar snang la brdungs te | me tog gi char chen po yang mngon par phab nas | tshig 'di skad du bcom ldan 'das kyis sngon yul bā rā ṇa sīr drang srong lhung ba ri dags kyi nags su chos kyi 'khor lo bskor te | deng 'dir yang bcom ldan 'das kyis bla na med pa'i chos kyi 'khor lo bskor to zhes smras nas | lha'i bu de rnams kyis de'i tshe tshigs su bcad pa 'di dag gsol to ||

《妙法莲华经》卷2《譬喻品》(T. 9, no. 262, 11c19–12a17)

以琉璃爲地，金繩界其道，七寶雜色樹，常有華菓實。

彼國諸菩薩，志念常堅固，神通波羅蜜，皆已悉具足。

於無數佛所，善學菩薩道，如是等大士，華光佛所化。

佛爲王子時，棄國捨世榮，於最末後身，出家成佛道。

華光佛住世，壽十二小劫，其國人民衆，壽命八小劫。

佛滅度之後，正法住於世，三十二小劫，廣度諸衆生。

正法滅盡已，像法三十二，舍利廣流布，天人普供養。

華光佛所爲，其事皆如是，其兩足聖尊，最勝無倫匹。

彼即是汝身，宜應自欣慶。

爾時四部衆，比丘、比丘尼、優婆塞、優婆夷，天、龍、夜叉、乾闥婆、阿修羅、迦樓羅、緊那羅、摩睺羅伽等大衆，見舍利弗於佛前受阿耨多羅三藐三菩提記，心大歡喜，踊躍無量，各各脱身所著上衣、以供養佛。釋提桓因、梵天王等，與無數天子，亦以天妙衣、天曼陀羅華、摩訶曼陀羅華等，供養於佛。所散天衣，住虚空中，而自迴轉；諸天伎樂百千萬種，於虚空中一時倶作，雨衆天華，而作是言："佛昔於波羅㮈初轉法輪，今乃復轉無上最大法輪。"

三 （赛克勒博物馆临时编号L 2012.0009 + L 2012.0010）

平行文本：SP(O) 99v6–100v5; SP(KN) 96.13–97.14

说明：编号为0009的残叶可以和赛克勒博物馆所藏另一片（编号为L 2012.0010）缀合，后者的转写以黑体表示。

正面

1 /// + + + + **tya(ṃ) tahi k(ā)** +

2 /// + + + ko**ṭīśata (’)[n]eka** ..

3 /// + .. tā · 9[5] **satkāyadṛ** ..

4 /// .. tasya bah[u]**laś ca bho[bhī]** +

5 /// + tā ihā[dya **p]**(**a**)**ripūrṇaka** +

6 /// (d)[o]ṣāṇa na [ś](akya) **[ga]ntuṃ 97** +

7 /// + tra · mā [tv](a) + + ... +

SP(O) 99v6–100r6

*manuṣyabhāvatva yadā upeti andhatva badhiratva jaḍām abhāvam**
parapreṣya so bhoti daridrra nityaṃ tahi kāli tasy' āvaraṇā bhavaṃti 95
bahūni tasyaiva bhavanti vyādhayo vrraṇāna koṭīśata 'teka kāye ·
pāmaś ca ka<ṃ>ḍuś ca vicarcikāś ca kuṣṭhaṃ kilāsā tatha āmagandhatā 96
satkāya{ra}dṛṣṭī gurukā 'sya bhoti krrodhaś ca tasya adhimātra vardhati ·
saṃrāga tasya bahulaś ca bhobhī niryāṇa yonīṣu ca so sadā ramī || <97>
saced ahaṃ śārisutā ihādya paripūrṇakalpaṃ bhaṇi tasya doṣā<ṃ> ·
yo hi mama eta kṣipena sūtraṃ paryaṃta doṣāṇa na śakya gantum 98*
imam atra paryāya 'ha paśyamānas tava saṃdiśāmi aha śāriputra
mā tvam ida bālajanasya agrato bhāṣeti sūtram idam evarūpam <9>9*

SP(Tib) 38a6–b2

de dag mi yi lus su gyur na yang ||
ldongs pa dang ni 'on pa glen pa ste ||
rtag tu dbul zhing gzhan gyis mngag par 'gyur ||
de tshe de yi rgyan ni de dag go ||
de na de yi gos ni nad yin te ||
lus la rma ni bye ba khrag khrig 'byung ||
de bzhin shu ba g.yan pa 'brum bu dang ||
de bzhin sha bkra mdze dag bshul bar mnam ||
de yi 'jig tshogs lta ba stug por 'gyur ||
de yi khro ba'i stobs kyang shin tu che ||
de yi 'dod chags dag kyang shin tu bdo ||
de ni dud 'gro'i skye gnas rtag tu dga' ||
gang gis nga yi mdo sde 'di spangs pa ||
de ring gal te nga yis shā ri'i bu ||
de yi nyes pa bskal par brjod na yang ||
nyes pa'i mthar ni phyin par yong mi nus ||
ngas ni de yi don rnams rab mthong bas ||
shā ri'i bu khyod yang dag bstan pa ni ||
khyod kyis skye bo byis pa'i mdun du yang ||
mdo sde 'di 'dra ma bshad cig ces bsgo ||

《妙法莲华经》卷2《譬喻品》(T. 9, no. 262, 16a2–10)

“若得爲人,聾盲瘖瘂、貧窮諸衰,以自莊嚴。

水腫乾痟、疥癩癰疽、如是等病,以爲衣服。

身常臭處,垢穢不淨,深著我見,增益瞋恚,

婬欲熾盛,不擇禽獸。‘謗斯經故,獲罪如是。

告舍利弗,謗斯經者,若說其罪,窮劫不盡。

以是因緣,我故語汝,無智人中,莫說此經。’”

背面

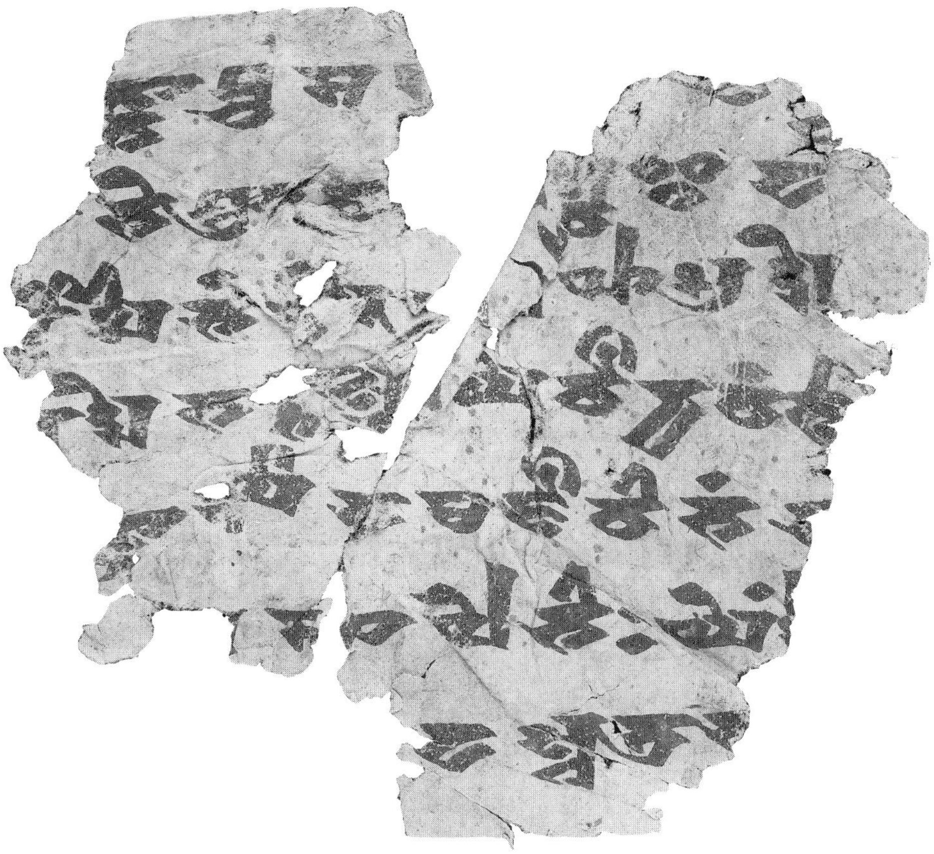

1 /// + ktāś ca ba .. + + **.c. .[ṛ].**

2 /// .. te śrā .. .. **[sv](a) ida**

3 /// (r)opitaṃ .. .. .. **lāprame**

4 /// .. m etat(*) 100 **y[e] vīryavaṃtā**

5 /// + kāyā ta**tha jīvitaṃ [c](a)**

6 /// + + .. b**ālebhiḥ ye .ṃ**

7 /// + + + + + + **da sūtra [bh].**

SP(O) 100r6–v5

ye 'syāt ti vyaktāś ca bahuśrutāś ca smṛtivanta ye paṇḍita jñānavantaḥ

yā prāsthitā uttamam agrabodhiṃ・te śrāvayasva ida sūtram adbhutam* 100

dṛṣṭ{v}ā<ś> ca yebhi bahubuddhakoṭayaḥ avaropitaṃ <yaiḥ> kuśalāprameyam*

adhyā<śa>yaś ca dṛḍha yeṣa asyāṃ te śrāvayesi paramārtham etat* <101>

ye vīryavantāḥ sada maitracittā bhāventi maitrī<ṃ> tatha dīrgharātram*

utsaṣṭakāyā tatha jīvitaṃ ca teṣāgrataḥ sūtra bhaṇet samākṣarā・<102>

ananyasaṃkalpa sagauravāś ca yeṣāṃ ca bāle na kadāci saṃstava<ḥ>

eke ratāḥ sarvata{:}kandareṣu tāṃ śrāvayasva ida sūtra bhadrakam* <10>3

SP(Tib) 38b2–5

'di ltar gang dag gsal zhing mang thos pa ||

dran dang ldan zhing gang mkhas ye shes ldan ||

byang chub dam pa mchog la gang zhugs pa ||

de la khyod kyis don dam 'di sgrogs shig ||

gang gis sangs rgyas bye ba mang po mthong ||

gang gis dpag tu med pa'i dge ba skyed ||

gang rnams lhag pa'i bsam pa shin tu brtan ||

de la khyod kyis don dam 'di sgrogs shig ||

gang rnams brtson 'grus ldan zhing rtag byams sems ||

byams pa de la de dag ring du bsgoms ||

lus dang de bzhin srog kyang rab tu btang ||

de dag la ni mdo 'di mngon sum shod ||

phan tshun rtog cing rim gror bcas pa dang ||

gang rnams byis pa dag kyang mi sten zhing ||

gang dag ri sul rnams su dga' ba dag |

de la mdo sde bzang po 'di sgrogs shig ||

《妙法莲华经》卷2《譬喻品》(T. 9, no. 262, 16a10–17)

"若有利根,智慧明了,多聞强識,求佛道者,如是之人,乃可爲說。

若人曾見,億百千佛,殖諸善本,深心堅固,如是之人,乃可爲說。

若人精進,常修慈心,不惜身命,乃可爲說。

若人恭敬,無有異心,離諸凡愚,獨處山澤,如是之人,乃可爲說。"

四 （赛克勒博物馆临时编号 L 2012.0019）

平行文本：SP(O) 101r5–103r5; SP(KN) 98.5–101.5

正面

a /// + + + + + .. dharma[bh](ā)[ṣ] + + ///

b /// + + + .. sarvva<<jña>>bhāvam idaṃ [mā]① + ///

c /// + + c[i]<d> anye ekāpi gāthā<ṃ> na .. ///

d /// .. taṃ naraḥ② emeva yo .. + + ///

e /// + hi e .i .. + + + + + ///

---

① 参考 SP(KN) 98.9: *sarvajñabhāvaṃ parimārgamāṇaḥ*。

② 参考 SP(KN) 99.1: *koci taṃ naraḥ*。

SP(O) 101r1–v6

agrodhanānāṃ sanat' ārjavānāṃ kṛpāyamāṇā · sada sarvaprāṇiṣu ·
sagauravānāṃ sugatāna sāntike teṣāgrata<ḥ> sūtram idaṃ bhaṇāhi <10 >6
yo dharma bhāṣet pariṣāya madhye asaṃgapratibhānasuyuktamānaso
dṛṣṭāntakoṭīnayutair anekais tasyaita sūtram upadarśayāsi <10>7
mūrdhnā 'ṃjalī<ṃ> yaś ca karitva tiṣṭhet sarvajñayānaṃ paramargamāṇa ·
diśā<ś> ca vidiśā 'pi ca prakrrameta subhāṣitārthāya kadāci bhiṣu<ḥ> <108>
vaitulyasūtrāṇi ca dhārayaṃto na tasya rucyaṃti kadācid anyam*
ekaṃ pi gāthā<ṃ> na dhareta anya<ta>s taṃ śrāvayesi parimārtham etat* <10>9
tathāgatasya yatha dhātu dhārayed yathaiva margā{n}ti jinasya dhātava ·
emeva yo margati sūtram īdṛśaṃ labhitva ca mūrdhani dhārayīta <110>
anyebhi sūtrebhi na tasya cintā lokāyataṃ naiva kadāci cintayī
<bālāna> etādṛśa bhonti gocarās taṃ tvaṃ vivarjitva prakāśayesi <11>1
pūrṇā<ṃ> pi kalpāṃs tava śāriputra vadeyam ākārasahasrakoṭibhi ·
ye prasthitā uttama agrabodhiṃ teṣāgrata<ḥ> sūtram idaṃ bhaṇāhi 112

saddharmapuṇḍarīke mahāvaitulyasūtrara<tne> upamāparivarto nāma tṛtīya<ḥ> samāpta<ḥ> 3 || deyadharmo 'yaṃ dānapati suviprabhasya ||

SP(Tib) 38b6–39a4

khro ba med cing rtag tu drang ba ste ||
srog chags thams cad la yang snying rjer ldan ||
bde bar gshegs pa dag la rim gror bcas ||
de yi mdun du mdo sde 'di shod cig ||
gang dag 'khor gyi dbus su chos ston pa ||
dpe rnams bye ba khrag khrig du ma yis ||
ma chags gyur cing nan tan yid kyis 'chad ||
de dag la yang mdo sde 'di shod cig ||
thams cad mkhyen pa nyid ni yongs tshol zhing ||
gang dag thal mo sbyar te mgo la 'thug ||
legs par smra ba'i dge slong tshol ba'i phyir ||
gang dag phyogs bcu kun tu rab tu 'gro ||
shin tu rgyas pa'i mdo sde kun 'dzin te ||
de ni nam yang gzhan la dga' mi byed ||
gzhan las tshigs bcad gcig kyang mi 'dzin pas ||
de dag la yang mdo sde mchog 'di shod ||

ji ltar de bzhin gshegs pa'i sku gdung 'dzin ||

de ltar mi dag la la de tshol te ||

de bzhin du yang 'di 'dra mdo sde tshol ||

rnyed nas kyang ni de dag spyi bos len ||

mdo sde gzhan la nam yang mi sems te ||

'jig rten rgyang phan pa dang bstan bcos gzhan ||

de 'dra byis pa rnams kyi spyod yul te ||

de dag khyod kyis spongs la 'di shod cig ||

bskal pa tshang bar yang ni shā ri'i bu ||

byang chub dam pa mchog 'dir gang zhugs pa'i ||

rnam ba bye ba phrag stong mang smra ba ||

de dag mdun du mdo sde 'di shod cig |

dam pa'i chos pad ma dkar po las dpe'i le'u zhes bya ste gsum pa'o || ||

《妙法莲华经》卷2《譬喻品》(T. 9, no. 262, 16a22–b6)

"若人無瞋，質直柔軟，常愍一切，恭敬諸佛，

如是之人，乃可爲説。復有佛子，於大衆中，

以清淨心，種種因緣、譬喻言辭，説法無礙，

如是之人，乃可爲説。若有比丘，爲一切智，

四方求法，合掌頂受，但樂受持，大乘經典，

乃至不受，餘經一偈，如是之人，乃可爲説。

如人至心，求佛舍利，如是求經，得已頂受，

其人不復，志求餘經，亦未曾念，外道典籍，

如是之人，乃可爲説。告舍利弗：'我説是相，

求佛道者，窮劫不盡。' 如是等人，則能信解，

汝當爲説，妙法華經。"

背面

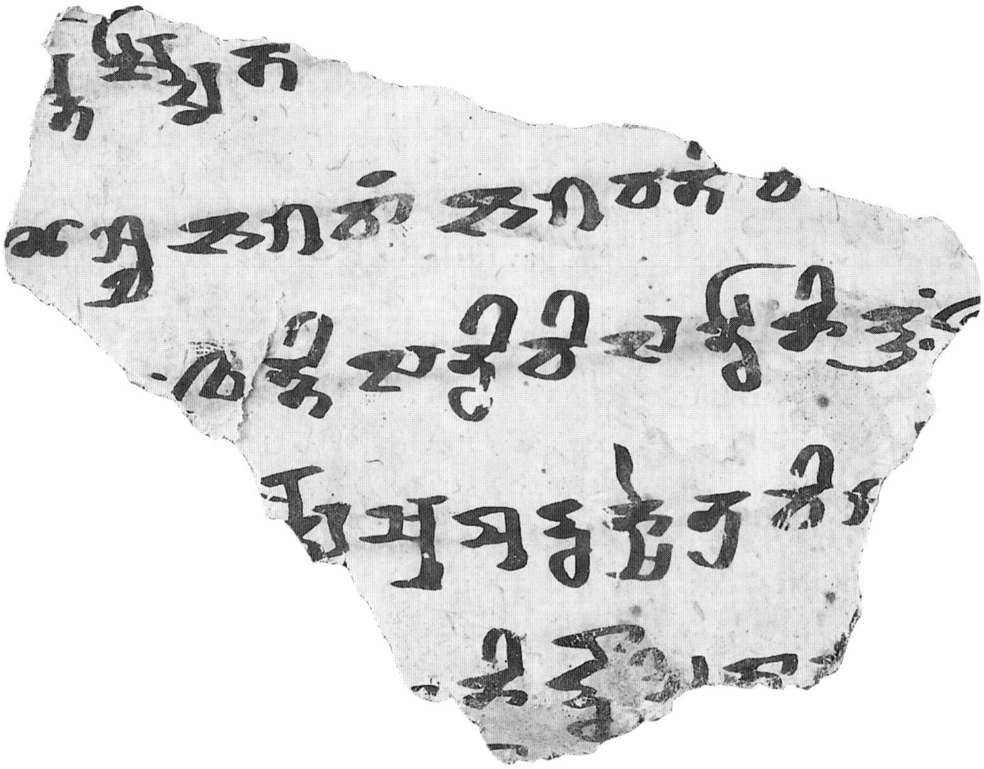

a /// + [ptā] (’)smīt. + + + + + + + + + ///

b /// ṇaś ca bhagavāṃ bha{ga}vat[i v]. + + ///

c /// + .. khanti sandhivisandhīni duḥ[kh] .. ///

d /// + + rm(e)ṣu buddhakṣetravi .. .. ///

e /// + + + + .. nirdhā[p]i .ā .. + + ///

SP(O) 101v6−103r5

atha khalv āyuṣmān subhūtir āyuṣmāṃś ca mahākātyāyana・āyuṣmāṃś ca mahākāśyapa : āyuṣmāṃ mahāmodgalyāyana<s> te idam evarūpam aśrutapūrvaṃ dharmaṃ śrutvā bhagatavaḥ sāntikā{ṃ}t saṃmukhaṃ āyuṣmataś ca śāriputrasya bhagavataḥ sāntikāt saṃmukhaṃ vyākaraṇaṃ śrutvā ’nuttarāyāṃ samyaksaṃbodhau āścaryaprāptā adbhutaprāptā odbilyaprāptā babhūvus te āścaryaprāptās tasyāṃ velāyām utthāy’ āsanebhyo yena bhagavāṃs tenopasaṃkrramī <upasaṃkrramitvā> ekāṃseṣûttarāsaṃgāni kṛtvā dakṣiṇāni jānuma{ṃ}ṇḍalāni pṛthivyā<ṃ> pratiṣṭhāpayitvā yena bhagavāṃs tenāṃjalīṃ praṇāmayitvā bhagava{ṃ}ta eva-m-abhimukhā bhagavaṃtam evāvalokayamānā : avanatakāyā vinatakāyā abhinatakāyā {bhagavaṃyā bhagavaṃtaṃ prati} praṇatakāyā・saṃnatakāyās tasyāṃ velāyāṃ bhagavaṃtam etad avocu<ḥ> vayam asmiṃ bhagava<ṃ> jīrṇā vṛddhā mahallakā asmin bhikṣusaṃghe sthavirasaṃmatā jarājīrṇābhūtā nirvāṇaprāptā 'smīti bhagava<n> nissaṃśayaṃ ni-uddhyāmaḥ anuttarāyāṃ samyaksaṃbodhau vayaṃ bhadanta bhagavann apratibalā vīryāraṃbhasya yada 'pi tāvad bhagavan dharmaṃ deśayati ciraniṣaṇṇaś ca bhagavan bhavati · vayaṃ ca tatra dharmaśravaṇāya pratyupasthitā bhavāmaḥ tado 'py asmākaṃ bhagavaṃś ciraniṣaṇṇānāṃ cira<ṃ> bhagavato paryupāsamānānām aṃgapratyaṃgāni duḥkhaṃti sa{ṃ}ndhīni <visandhīni> ca du<ḥ>khaṃti · tato vayaṃ bhagavan bhayena bhagavato dharmaṃ deśayamānasya śunyatānimittāpraṇihitāṃ samādhiṃ sarva<ṃ> manasikaroma nāsmābhir bhagavaṃs tatra bodhisatvadharmeṣu <bu>ddhakṣetraguṇaviyūheṣu vā bodhisatvavikrrīḍiteṣu vā tathāgatavikrrīḍiteṣu vā spṛhotpāditā{s} tat kasya heto · yaṃ caiva bhagavaṃs traidhātukā{ṃ}n nirdhāvitā 'smīti nirvāṇasaṃjñino 'sma yaṃ cāsma jarābhibhūtā jīrṇeti kṛtvā tata · asmābhir api bhagavaṃn anye bodhisatvā avavaditā babhūvur anuttarāyāṃ samyaksaṃbodhau anuśāsayamānaś ca te bodhisatvā nā{ma}smābhir bhagavaṃs tatraikam api cittaṃ spṛhanasahagatam utpāditam abhūt*

SP(Tib) 39a4–b5

bam po bzhi pa || de nas tshe dang ldan pa rab 'byor dang | tshe dang ldan pa kā tyā'i bu chen po dang | tshe dang ldan pa 'od srung chen po dang | tshe dang ldan pa mau dga' gyi bu chen pos | sngon ma thos pa'i chos rnam pa 'di lta bu 'di bcom ldan 'das las thos shing | tshe dang ldan pa shā ri'i bu bla na med pa yang dag par rdzogs pa'i byang chub tu mngon sum du lung bstan pa thos nas | ngo mtshar du gyur | rmad du gyur | shin tu dga' bar gyur te | de'i tshe stan las langs nas | bcom ldan 'das ga la ba der dong ste phyin pa dang | bla gos phrag pa gcig tu gzar te pus mo g.yas pa'i lha nga sa la btsugs nas | bcom ldan 'das ga la ba de logs su thal mo sbyar ba btud de bcom ldan 'das la mngon du lta zhing | lus btud lus mngon par btud | lus rnam par btud | lus shin tu btud de | de'i tshe bcom ldan 'das la 'di skad ces gsol to || bcom ldan 'das bdag cag rgas gtugs 'khogs nas | dge slong gi dge 'dun 'di'i nang na yang gnas brtan du 'dzin te | rgas 'khogs shing bdag cag mya ngan las 'das pa thob snyam nas bcom ldan 'das bdag cag la bla na med pa yang dag par rdzogs pa'i byang chub tu brtson pa ma mchis te bdag cag ni brtson 'grus brtsam pa'i rngo mi thogs pa'o || gang gi tshe bcom ldan 'das chos ston cing | bcom ldan 'das ring du yang bzhugs par gyur te chos bshad pa de la bdag cag kyang mchis par gyur pa de'i tshe na ni | bcom ldan 'das bdag cag kyang ring du mchis shing | bcom ldan 'das la ring du bsnyen bkur bgyis pas | yan lag dang nyid lag kyang bro 'tshal | tshigs dang tshigs phre'u rnams kyang bro 'tshal to || bcom ldan 'das de'i slad du | bcom ldan 'das kyis chos bstan pa na yang stong pa nyid dang mtshan ma med pa dang smon pa med pa thams cad bdag cag gis brjod kyi sangs rgyas kyi chos 'di dag dang sangs rgyas kyi zhing gi bkod pa 'di dag dang byang chub sems dpa'i rnam par rol pa dag dang de bzhin gshegs pa'i rnam par rol pa dag la bdag cig gis re ba ma bskyed do || de ci'i slad du zhe na | bcom ldan 'das 'di ltar bdag cag khams gsum nas byung ste | mya ngan las 'das par 'du shes shing | bdag cag ni rgas 'khogs pas | de'i slad du *bcom ldan 'das bdag cag gis byang chub sems dpa' gzhan bla na med pa yang dag par rdzogs pa'i byang chub tu lung bstan cing btams mod gyi | bcom ldan 'das de la bdag cag gis re ba'i sems gcig kyang bskyed par ma gyur te |*

《妙法莲华经》卷2《信解品》(T. 9, no. 262, 16b8–20)

爾時慧命須菩提、摩訶迦旃延、摩訶迦葉、摩訶目犍連，從佛所聞未曾有法，世尊授舍利弗阿耨多羅三藐三菩提記，發希有心，歡喜踊躍，即從座起，整衣服偏袒右肩，右膝著地，一心合掌，曲躬恭敬，瞻仰尊顏而白佛言："我等居僧之首，年竝朽邁，自謂已得涅槃，無所堪任，不復進求阿耨多羅三藐三菩提。世尊往昔說法既久，我時在座，身體疲懈，但念空、無相、無作，於菩薩法——遊戲神通、淨佛國土、成就衆生——心不喜樂。所以者何？世尊令我等出於三界，得涅槃證。又今我等年已朽邁，於佛教化菩薩阿耨多羅三藐三菩提，不生一念好樂之心。

首楞严三昧经
Śūraṅgamasamādhi-nāma-mahāyānasūtra

一 （赛克勒博物馆临时编号 L 2012.0022）

说明：该片残叶与赛克勒博物馆所藏另一残叶（编号 L 2012.0026）属于同一写本。

正面

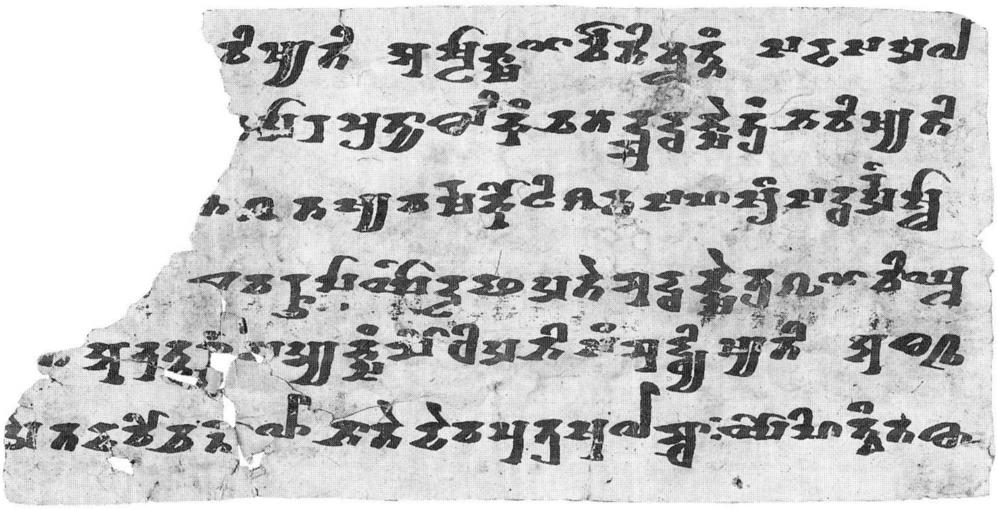

1 /// + + + + (bha)viṣyati aṣṭākṣaṇāc cātivṛttaṃ sada samala

2 /// + + + + + + .. mārapratyārthikaṃ ca tad buddhakṣetraṃ bhaviṣyati

3 /// + + + (ta)[th]agatasya varṣakoṭiśatasahasraṃ saddharmaṃ sthā

4 /// + + + + evarūpāyāṃ dṛḍhamate buddhakṣetraguṇaviyū

5 /// .. anut[ta]raṃ sa{ṃ}myaksaṃbodhim abhisaṃbuddhyiṣyati atha kha

6 /// m [e]tad avocat* lābhāte devaputra sulabdhāḥ yo hi tvaṃ tathā

Śgs(Tib) 284a1–4

sangs rgyas kyi zhing de yang ngan song gsum yongs su spangs par 'gyur | mi khom pa brgyad las 'das pa dang | rtag tu brgyan pa'i sangs rgyas kyi zhing du 'gyur te | byang gi sgra mi snyan gyi gling dang 'dra bar 'gyur ro || sangs rgyas kyi zhing de ni bdud dang phyir rgol ba bcom pa dang | lta ba thams cad dang bral bar 'gyur ro || bcom ldan 'das de bzhin gshegs pa 'od dri ma med par grags pa'i rgyal po yongs su mya ngan las 'das nas bde bar gshegs pas gsungs pa'i dam pa'i chos ni lo bye ba phrag 'bum du gnas par 'gyur ro || blo gros brtan pa lha'i bu 'di ni bkod pa 'di lta bus mi mjed kyi 'jig rten gyi khams 'dir bla na med pa yang dag par rdzogs pa'i byang chub mngon par rdzogs par 'tshang rgya bar 'gyur ro || de nas byang chub sems dpa' blo gros brtan pas lha'i bu sangs rgyas blo gros mngon sum la 'di skad ces smras so || lha'i bu khyod ni de bzhin gshegs pas bla na med pa yang dag par rdzogs pa'i byang chub tu lung bstan pas rnyed pa shin tu rnyed do ||

《首楞严三昧经》卷上（T.15, no. 642, 637a14–19）

其佛國土無三惡道及諸難處，莊嚴清淨如欝單越，無衆魔事，離諸邪見。佛滅度後，法住千萬億歲。堅意！是天子者當於如是清淨國土而成佛道。爾時堅意菩薩謂天子言：“汝得大利，如來授汝阿耨多羅三藐三菩提記。

背面

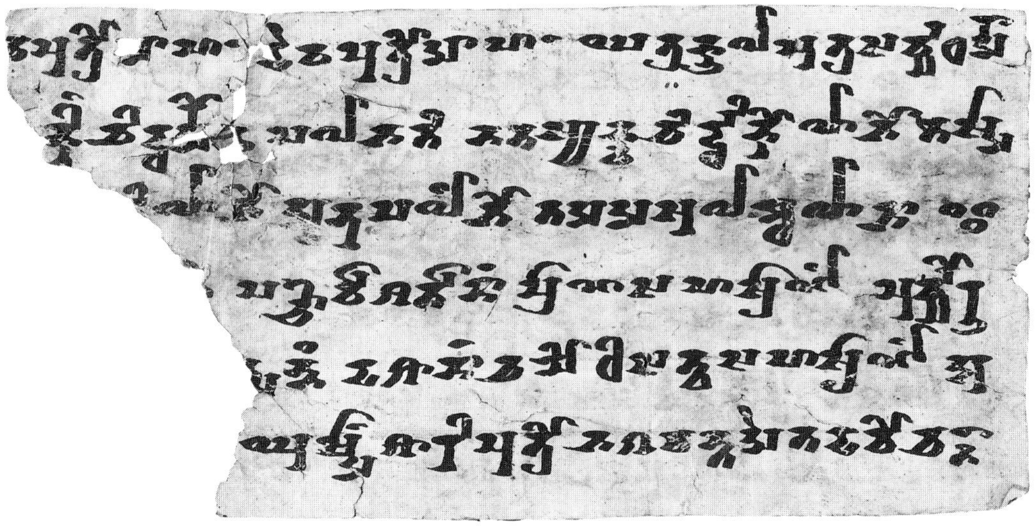

1 /// (de)vaputro āha・{devaputro āha}・yatra kulaputra sarvvadharma

2 /// + kiṃ cid dharmo [u]palabhati na tasya kva cid dhi ko lābho tasmā

3 /// + + (aprat)ilābho anupalaṃbhota mama sulabdhalābhā i

4 /// + + + .. pañcaviśatīnāṃ prāṇasahasrāṇāṃ purvvo ru

5 /// + + + + + .. nnaṃ daśānāṃ ca bodhisatvasahasrāṇāṃ a

6 /// + + + + + yuṣmāṃ śāriputro bhagavan tam etad avocat*

Śgs(Tib) 284a4–6

lha'i bus smras pa | rigs kyi bu gang chos thams cad kyi ma rnyed pa de ni chos kyi rnyed pa'o || gang chos 'ga' zhig dmigs pa de la ni chos kyi rnyed pa ci yang med do || rigs kyi bu de lta bas na gang chos thams cad kyi ma rnyed pa so sor ma rnyed pa ma dmigs pa de ni chos kyi rnyed pa yin te | rigs kyi bu bdag kyang rnyed pa legs par rnyed do || lha'i bu de la 'di bshad cing lung bstan pa'i tshe srog chags sngon dge ba'i rtsa ba bskyed pa nyi khri lnga stong gis ni bla na med pa yang dag par rdzogs pa'i byang chub tu sems bskyed do || byang chub sems dpa' khris ni mi skye ba'i chos la bzod pa thob par gyur to || de nas bcom ldan 'das la tshe dang ldan pa shā ri'i bus 'di skad ces gsol to ||

《首楞严三昧经》卷上至卷下（T.15, no. 642, 637a19–b5）

天子答言："善男子！於一切法若無所得，是名大利，於法有得是則無利。善男子！是故當知，若不得法是名大利。"説是法時，二萬五千天子，曾於先世殖衆德本，皆發阿耨多羅三藐三菩提心；有萬菩薩得無生忍。爾時舍利弗白佛言：

二（赛克勒博物馆临时编号 L 2012.0026）

说明：该片残叶可以和新疆维吾尔自治区博物馆所藏一片残叶缀合①，新疆博物馆所藏残叶的转写以黑体表示。残片涉及部分内容被《大乘集菩萨学论》（*Śikṣāsamuccaya*）引用。

正面　第99叶

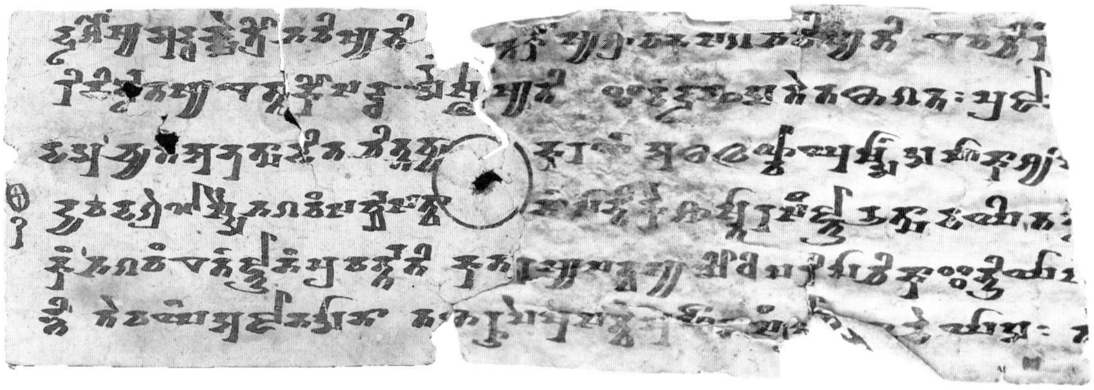

1　dṛśo (')sya buddhakṣetro bhaviṣyati **(e)ttak[o] (')sya śrāvakasa(ṃ)g(o) bhaviṣyati eva ciraṃ** + ///

2　rinir[v]ṛtasya ettako saddha---rmaṃ sthā**syati idaṃ dṛḍhamate tathāgataḥ prajā(nāti)** ///

3　dam u | cya[te] anutpādita<bodhi>cittavyā○**karaṇaṃ atha khalv āyuṣmāṃ mahākāśya(po)** ///

4　dya va | dagreṇāsmai② bhagavaṃ sarvvasatvā○**nāṃ sāntike śāstārasaṃjñā utpādayita(vyā)** ///

5　kaṃ | bhagavaṃ etaṃ jñānaṃ pravarttati kata**(ma)sya satvasya bodhiparipācikā indriyā (sa)** ///

6　nti | te vayaṃ ajānamānā ta**thārūpeṣu satveṣu hī[na]saṃ[jñ](ām utpā)deyāma : (te)** ///

参考 Śikṣ 91.13–92.1

idaṃ dṛḍhamate ucyate | bodhisatvasyānutpāditabodhicittavyākaraṇaṃ | atha khalv āyuṣmān mahākāśyapo bhagavantam etad avocat | adyāgreṇāsmābhir bhagavan sarvasatvānām antike śāstṛsaṃjñotpādayitavyā | tat kasya hetoḥ | na hy asmākam etaj jñānaṃ pravarttate | katamasya bodhisatvasya bodhiparipācakānīndriyāṇi saṃvidyante | katamasya na saṃvidyante | tato vayaṃ bhagavann ajānānās tathārūpeṣu hīnasaṃjñām utpādayema | tena vayaṃ kṣaṇyema ||

① 新疆博物馆所藏此片残叶最早是私人藏品，2011年松田和信根据网络上公布的照片比定为《首楞严经》，参见 Klaus Wille, "Survey of the Identified Sanskrit Manuscripts in the Hoernle, Stein, and Skrine Collections of the British Library (London)," in Paul Harrison and Jens-Uwe Hartmann, eds., *From Birch Bark to Digital Data: Recent Advances in Buddhist Manuscript Research*, Beiträge zur Kultur- und Geistesgeschichte Asiens, 80 Denkschriften der philosophisch-historischen Klasse, 460 Wien, Österreichische Akademie der Wissenschaften, 2014, p. 229, note 21。残片转写最初由北京大学博士生李灿完成（未发表）。

② va | d° 应该是 tad° 的误写。

Śgs(Tib) 289b3–6

de'i sangs rgyas kyi zhing ni 'di lta bur 'gyur ro || de'i nyan thos kyi dge 'dun ni 'di snyed du 'gyur ro || de'i byang chub sems dpa'i dge 'dun ni 'di snyed du 'gyur ro || de'i tshe'i tshad ni 'di tsam du 'gyur ro || yongs su mya ngan las 'das nas de'i dam pa'i chos ni 'di srid du gnas so zhes blo gros brtan pa de bzhin gshegs pa ni 'di dang de bas kyang lhag pa dag rab tu mkhyen te | blo gros brtan pa de ni byang chub tu sems ma bskyed par lung bstan pa zhes bya'o || de nas bcom ldan 'das la tshe dang ldan pa 'od srung chen pos 'di skad ces gsol to || bcom ldan 'das bdag cag gis ni de ring slan chad sems can thams cad la ston par 'du shes bskyed par bgyi'o || de ci'i slad du zhe na | sems can gang dag la byang chub tu yongs su smin pa'i dbang po mchis | gang dag la ma mchis zhes bdag cag la ye shes de mi 'jug pas bcom ldan 'das de dag ma 'tshal nas | de lta bu'i sems can dag la dman pa'i 'du shes skyed pas | de'i slad du bdag cag ni nyams pa lags so ||

《首楞严三昧经》卷下 (T.15, no. 642, 638c26–639a4)

國土如是。聲聞衆數壽命如是。滅後法住歲數如是。佛告堅意。如來悉能了知此事復過於是。是名未發心而與授記。爾時長老摩訶伽葉前白佛言:"從今以後我等當於一切衆生生世尊想。所以者何? 我等無有如是智慧,何等衆生有菩薩根? 何等衆生無菩薩根? 世尊! 我等不知如是事故。或於衆生生輕慢心。則爲自傷。

背面

1 haṃ - sādhu sādhu kaśyapa subhāṣi(tā) **te ayaṃ vācā idaṃ ca mahākāśyapa**① **artthavaṃśa**② **saṃ** ///

2 dharmaṃ deśito mā bhikṣavaḥ pudgala[ṃ] pra**vicinatha kṣaṇeyāhi pudgalaṃ · pudgalaḥ pra** ///

3 dgalaṃ pravicineyā yo vā a◎**smādṛśo imināṃ kāśyapa nirdeśena i** .. ///

4 tvena śrāvakena vā sarvvasatvā◎**nāṃ sāntike śāstārasaṃjñā utpādayitavy(a)** ///

5 niko syāt* tena [ta]tra ātmānāṃ rak**ṣitavya · punar aparaḥ dṛḍhamate santike** .. ///

6 lā oruktabījā③ oruktakuśal[ā**m]ūlā utaptavīryyā kṛtaparikarmā tī[kṣṇ]e(ndriyā)** ///

参考 Śikṣ 92.1–6

bhagavān āha | sādhu sādhu kāśyapa subhāṣitā te iyaṃ vāk | idaṃ ca mayā kāśyapārthavaśaṃ sampaśyamānena yuṣmākam evaṃ dharmo deśito | mā bhikṣavaḥ pudgalena pudgalaṃ pravicetavyaṃ | yac chīghraṃ kṣaṇyati hi bhikṣavaḥ pudgalaḥ pudgalaṃ pravicinvan | ahaṃ vā pudgalaṃ pramiṇuyāṃ yo vā syān mādṛśaḥ | etena kāśyapa nirdeśena bodhisatvena vā śrāvakeṇa vā sarvasatvānām antike śāstṛsaṃjñotpādayitavyā | mātra kaścid bodhisatvayānikaḥ pudgalo bhavet tena tatrātmā rakṣitavyeti |

Śgs(Tib) 289b6–290a3

bcom ldan 'das kyis bka' stsal pa | legs so legs so || 'od srung tshig de ni legs par smras so || 'od srung ngas kyang don de'i dbang mthong nas khyed la dge slong dag gang zag la tshod ma 'dzin cig | dge slong dag gang zag gis gang zag la tshod bzung na nyams par 'gyur te | dge slong dag nga'am | gang gzhan yang nga dang 'dra ba dag gis tshod gzung ngo zhes de skad du chos bshad de | 'od srung bstan

① 残片此处折叠，字母hā和(k)ā在背面可见。

② °vaṃśa: 应该是°vaśaṃ的误写。

③ orukta: 可能是orupta (< avaropita)的误写。

pa des na byang chub sems dpa' 'am | nyan thos kyis sems can thams cad la ston par 'du shes bskyed par bya'o || 'di la byang chub sems dpa'i theg pa ba'i gang zag la la dag tu gyur ta re | des na der bdag bsrung bar bya'o || blo gros brtan pa gzhan yang sems can la la dge ba'i rtsa ba yongs su smin pa | sa bon btab ba | sbyang ba byas pa | dbang po rno ba | rgya chen po la mos pa | snying rje chen po dang ldan pa | sems can thams cad rab tu thar bar bya ba'i phyir zhugs pa |

《首楞严三昧经》卷下(T.15, no. 642, 639a4–11)

佛言:"善哉!善哉!伽葉!快説此言。以是事故,我經中説:'人則不應妄稱量衆生。所以者何?若妄稱量於他衆生,則爲自傷。唯有如來,應量衆生及與等者。以是因緣,若諸聲聞及餘菩薩,於諸衆生應生佛想。適發心已得受記者,或自有人,久殖德本,修習善行,勤心精進,諸根猛利,好樂大法,有大悲心,普爲衆生求解脱道。'"

决定义经

Arthaviniścaya-nāma-dharmaparyāya

赛克勒博物馆临时编号 L 2012.0023

曾发表于 Guan 2014, Fragment 3

平行文本：Arthav 10.1–13.3

正面

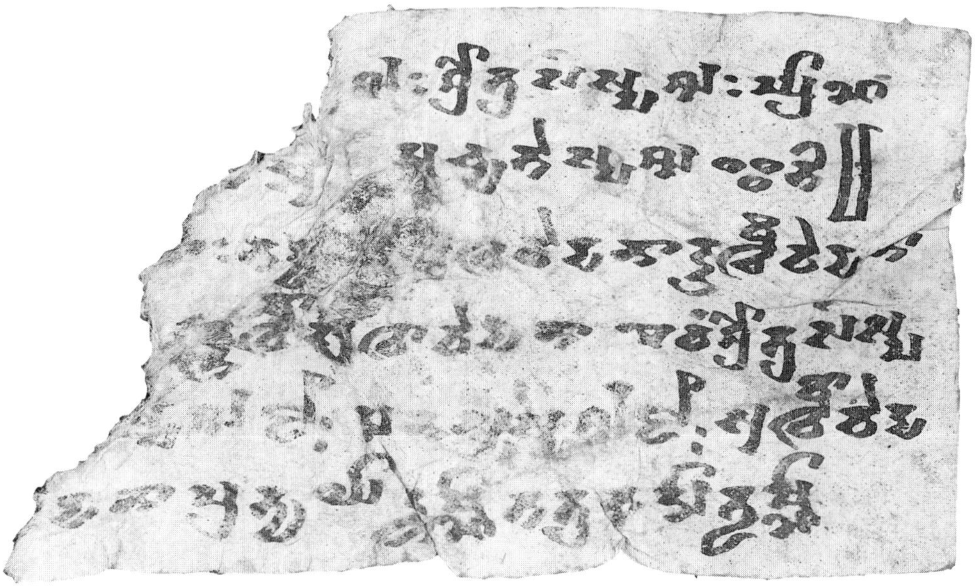

1 /// + + + + + + (spa)rśaḥ śrotrasaṃsparśaḥ ghrāṇa

2 /// + + + + +. (aya)m ucyate sparśa iti ||

3 /// + + āḥ ta[dy](athā s)ukhavedanā duḥkhavedanā

4 /// .. duḥkhāsukhāvedanā evaṃ śrotrasaṃspa

5 /// + sparśajāḥ manassaṃsparśajāḥ su{ḥ}khāveda

6 /// + danāpratyayā tṛṣṇā tatra ka<<ta>>mā tṛṣṇā

Arthav 10.1–10.9

ṣaḍāyatanapratyayaḥ sparśa iti | sparśaḥ katamaḥ ṣaṭ sparśakāyāḥ | katame ṣaṭ cakṣuḥsaṃsparśaḥ śrotrasaṃsparśaḥ ghrāṇasaṃsparśaḥ jihvāsaṃsparśaḥ kāyasaṃsparśaḥ manaḥsaṃsparśa iti | ayam ucyate sparśaḥ | sparśapratyayā vedaneti | vedanā katamā ṣaḍ vedanākāyāḥ | cakṣuḥsaṃsparśajā vedanā—sukhā duḥkhā aduḥkhāsukhā ca | evaṃ śrotraghrāṇajihvākāyamanaḥsaṃsparśajā vedanā—sukhā duḥkhā aduḥkhāsukhā ca | iyam ucyate vedanā | vedanāpratyayā tṛṣṇeti | tṛṣṇā katamā ṣaṭ tṛṣṇākāyāḥ |

Arthav(Tib) 173a4–7

skye mched drug gi rkyen gyis reg pa zhes bya ba la | reg pa gang zhe na | reg pa'i tshogs drug ste | drug gang zhe na | mig gi 'dus te reg pa dang | rna ba dang | sna dang | lce dang | lus dang | yid kyi 'dus te reg pa'o || reg pa'i rkyen gyis tshor ba zhes bya ba la | tshor ba gang zhe na | tshor ba'i tshogs drug ste | drug gang zhe na | mig gi 'dus te reg pa las byung ba'i tshor ba bde ba dang | sdug bsngal ba dang | sdug bsngal yang ma yin bde ba yang ma yin pa dang | de bzhin du rna ba dang | sna dang | lce dang | lus dang | yid kyi 'dus te reg pa las byung ba'i tshor ba bde ba dang | sdug bsngal ba dang | sdug bsngal yang ma yin bde ba yang ma yin pa'o || tshor ba'i rkyen gyis sred pa zhes bya ba la | sred pa gang zhe na | sred pa'i tshogs drug ste |

《佛说决定义经》(T.17, no. 762, 651b1–5)

六處爲緣,觸法得起,觸有六種,謂眼觸、耳觸、鼻觸、舌觸、身觸、意觸,此等名觸。由觸爲緣,受法得起,受有三種,謂苦受、樂受、捨受。如是眼觸緣此三受,乃至意觸,亦復如是,此名爲受。由受爲緣,愛法得起,愛有六種。

背面

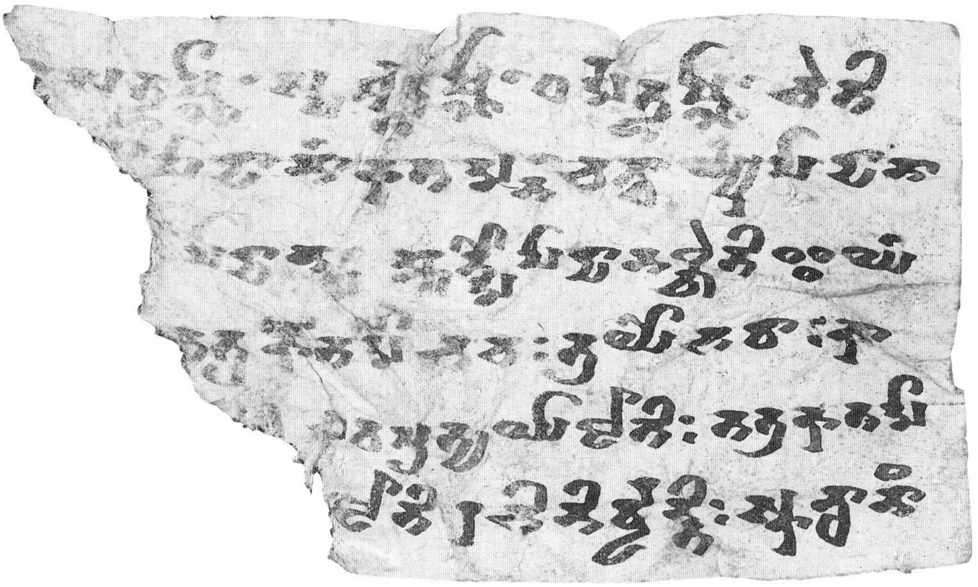

1 /// (ra)satṛṣṇā・sparśatṛṣṇā・dharmatṛṣṇā・ceti

2 /// . pādānāṃ katamat* catvāry upādānā

3 /// + pādānām* ātmopādānañ ceti iyaṃ

4 /// + [ta]tra katamo bhavaḥ trayo bhavāḥ kā

5 /// .. ..vapratyayā jātiḥ tatra katamā

6 /// + + + + jātir abhinirvṛttiḥ skandānāṃ

Arthav 10.9−13.3

katame ṣaṭ rūpatṛṣṇā śabdatṛṣṇā gandhatṛṣṇā rasatṛṣṇā sparśatṛṣṇā dharmatṛṣṇeti | tṛṣṇāpratyayam upādānam iti | upādānaṃ katamat catvāry upādānāni | katamāni catvāri kāmopādānaṃ dṛṣṭyupādānam śīlavratopādānam ātmavādopādānam ceti | upādānapratyayo bhava iti | bhavaḥ katamaḥ trayo bhavāḥ | katame trayaḥ tadyathā — kāmabhavaḥ rūpabhavaḥ ārūpyabhavaḥ | tatra kāmabhavaḥ katamaḥ tadyathā — uṣṇanarakā aṣṭau | katame 'ṣṭau tadyathā — saṃjīvaḥ kālasūtraḥ saṃghātaḥ rauravaḥ mahārauravaḥ tapanaḥ pratāpanaḥ avīciś ca | śītanarakā aṣṭau | [katame 'ṣṭau] tadyathā — arbudaḥ nirarbudaḥ aṭaṭaḥ hahavaḥ huhuvaḥ utpalaḥ padmaḥ mahāpadmaḥ | pretāḥ tiryañcaḥ manuṣyāḥ ṣaṭ kāmāvacarāś ca devāḥ | katame ṣaṭ cāturmahārājikāḥ trāyastriṃśāḥ yāmāḥ tuṣitāḥ nirmāṇaratayaḥ paranirmitavaśavartino devāḥ | tatra rūpabhavaḥ katamaḥ tadyathā—bramhakāyikāḥ brahmapurohitāḥ mahābrahmāṇaḥ parīttābhāḥ apramāṇābhāḥ ābhāsvarāḥ parīttaśubhāḥ śubhakṛtsnāḥ anabhrakāḥ | puṇyaprasavāḥ bṛhatphalāḥ avṛhāḥ atapāḥ sudṛśāḥ sudarśanāḥ akaniṣṭhāś ceti | ārūpyabhavaḥ katamāḥ | tadyathā— ākāśānantyāyatanam vijñānānantyāyatanam ākiṃcanyāyatanam naivasaṃjñānāsaṃjñāyatanam | ārūpiṇāṃ devānāṃ cittamātradhyāyināṃ cāturvidhopapattiḥ | ayam ucyate ārūpyadhātuḥ | ime trayo bhavaḥ | bhavapratyayā jātir iti | jātiḥ katamā yā teṣāṃ teṣāṃ sattvānāṃ tasmiṃstasmin sattvanikāye jātiḥ saṃjātiḥ upapattiḥ avakrāntiḥ abhinirvṛttiḥ prādurbhāvaḥ skandhapratilambhaḥ dhātupratilambhaḥ āyatanānāṃ pratilambhaḥ skandhānām abhinirvṛttiḥ jīvitendriyasyodbhavaḥ nikāyasabhāgatāyāḥ samavadhānam | iyam ucyate jātiḥ |

Arthav(Tib) 173a7–b5

drug gang zhe na | gzugs la sred pa dang | sgra la sred pa dang | dri la sred pa dang | ro la sred pa dang | reg bya la sred pa dang | chos la sred pa'o || sred pa'i rkyen gyis len pa zhes bya ba la | len pa gang zhe na | len pa bzhi ste | bzhi gang zhe na | 'dod pa'i len pa dang | lta ba'i len pa dang | tshul khrims dang brtul zhugs kyi len pa dang | bdag tu smra ba'i len pa'o || len pa'i rkyen gyis srid pa zhes bya ba la | srid pa gang zhe | srid pa gsum mo || gsum gang zhe na || 'di lta ste | 'dod pa'i srid pa dang | gzugs kyi srid pa dang | gzugs med pa'i srid pa'o || de la 'dod pa'i srid pa gang zhe na | 'og gi sems can dmyal ba chen po mnar med pa nas nye bar bzung ste gzhan 'phrul dbang byed kyi lha rnams kyi bar 'di ni 'dod pa'i srid pa zhes bya'o || gzugs kyi srid pa gang zhe na | tshangs ris kyi lha rnams nas nye bar bzung ste 'og min gyi lha rnams kyi bar 'di ni gzugs kyi srid pa zhes bya'o || gzugs med pa'i srid pa gang zhe na | nam mkha' mtha' yas skye mched du nye bar 'gro ba'i lha rnams nas nye bar bzung ste 'du shes med 'du shes med min skye mched du nye bar 'gro ba'i lha rnams kyi bar 'di ni gzugs med pa'i srid pa zhes bya'o || srid pa'i rkyen gyis skye ba zhes bya ba la | skye ba gang zhe na | gang sems can de dang de dag sems can gyi ris de dang de dag tu skye ba dang | 'jug pa dang | rdzogs par skye ba dang | mngon par 'grub pa dang | phung po rnams 'byung ba dang | skye mched rnams rab tu thob pa dang | srog gi dbang po 'byung ba dang | ris 'thun pa dang phrad pa ste | 'di ni skye ba zhes bya'o ||

《佛说决定义经》(T.17, no. 762, 651b5–c4)

愛有六種，謂眼觀色，耳聽聲，鼻嗅香，舌了味，身覺觸，意分別法。由貪六法，得名爲愛。由愛爲緣，取法得起，取有四種，謂欲取、見取、戒禁取、我語取。由愛增故，得名爲取。由取爲緣，有法得起，有法有三，欲有、色有、無色有。欲有者，謂十惡趣及人天。十惡趣者，謂八地獄。一等活，二黑繩，三衆合，四號叫，五大號叫，六炎熱，七極炎熱，八無間，九傍生趣，十餓鬼趣，如是十種。名爲惡趣。人趣者，謂四大洲，南贍部洲、東勝身洲、西牛貨洲、北俱盧洲。南贍部洲，其量縱廣七千由旬，此洲之相，北闊南狹，猶如車形。東勝身洲，其量縱廣八千由旬，彼洲之相，猶如半月。西牛貨洲，其量縱廣九千由旬，彼洲之相，猶如圓月。北俱盧洲，其量縱廣十千由旬，彼洲之相，四方徑直，猶如池沼。如是四洲，名爲人趣。天趣者，欲界六天，謂四王天、忉利天、夜摩天、兜率天、化樂天、他化自在天，如是名爲欲界六天。此等諸趣，名爲欲有。色有者，有十八天，謂梵衆天、梵輔天、大梵天、光天、無量光天、光音天、淨天、無量淨天、遍淨天、無雲天、福生天、廣果天、無想天、無煩天、無熱天、善現天、善見天、色究竟天。此等諸天，名爲色有。無色有者，有四種天，謂空無邊處天、識無邊處天、無所有處天、非想非非想處天。此等諸天，名無色有。如是三有，得名爲有。由有爲緣，生法得起。生者，謂諸有情捨此蘊已，隨業果報，復於界趣，蘊相出現，故名爲生。

出生无边门陀罗尼经
Anantamukhanirhāra-dhāraṇī

赛克勒博物馆临时编号 L 2012.0018

正面

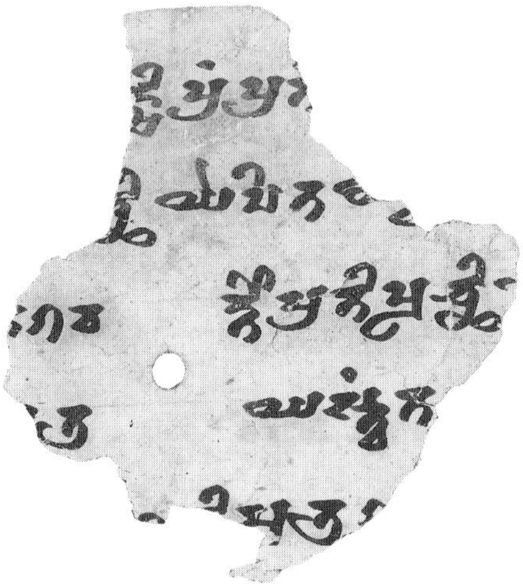

1 /// + + + [kṣi]praṃ pra(ti) + + + ///

2 /// + + [cch]i ye (')pi tath(ā) .. + + + ///

3 ///[bha]gava○nto pratipṛcchi .. ///

4 /// .. tra○yas tvaṃ ta + + ///

5 /// + + + (ś)[ā](r)ip[u]tra .. + + ///

Amdh(Tib) 246b5–247b2

sgrib pa med pa'i ye shes dang | spobs pa myur du thob par 'gyur ba dang | sangs rgyas kyi zhing gang gā'i klung gi bye ma snyed kyi de bzhin gshegs pa dgra bcom pa yang dag par rdzogs pa'i sangs rgyas thams cad las chos bstan pa thos par 'gyur ba dang | thos nas kyang 'dzin par 'gyur zhing | bla na med pa yang dag par rdzogs pa'i byang chub mngon par rdzogs par sangs rgyas kyi bar du brjed par mi 'gyur ba dang | byang chub sems dpa' sems dpa' chen po rnams kyi spyod pa yongs su dag pa gang yin pa bzhi po de dag rjes su 'thob par 'gyur ba ste | bzhi gang zhe na | 'di lta ste | sems can yongs su dag pa dang | chos yongs su dag pa dang | smon lam yongs su dag pa dang | sangs rgyas kyi zhing yongs su dag pa ste | de dag rjes su 'thob par 'gyur ba dang | gya nom pa yid du 'ong bar byed pa'i chos bzhi rjes su 'thob par 'gyur ba ste | bzhi gang zhe na | 'di lta ste | lus yid du 'ong ba dang | ngag yid du 'ong ba dang | sems yid du 'ong ba dang | skye ba yid du 'ong ba rjes su 'thob par 'gyur ba dang | gzungs kyi sgor 'jug pa bzhi rjes su 'thob par 'gyur te | bzhi gang zhe na | 'di lta ste | sgo mi zad pas bsgrub pa'i gzungs kyi sgo 'jug pa dang | sems can rnams kyi dbang po la mkhas pa'i gzungs kyi sgor 'jug pa dang | las dang rnam par smin pa la mkhas pa 'dus ma byas kyi gzungs kyi sgor 'jug pa dang | chos zab mo la bzod pa'i gzungs kyi sgor 'jug pa rjes su thob par 'gyur ba de lta bu'i zhu ba de bzhin gshegs pa dgra bcom pa yang dag par rdzogs pa'i sangs rgyas la bdag gis zhu gor ma chag snyam mo || de nas tshe dang ldan pa shā ri'i bus zhu pa ji skad smos pa ji ltar yid la bzung ba | ji ltar yid la byas pa | ji ltar kun chub par byas pa de dag sangs rgyas bcom ldan 'das la rgya cher gsol to || 'di skad ces kyang gsol te | bcom ldan 'das zhu ba ji skad smos pa | ji ltar yid la bzung ba | ji ltar yid la bgyis pa | ji ltar kun chub par bgyis pa 'di dag gis byang chub sems dpa' sems dpa' chen po 'di dag gi spyod pa ji ltar yongs su dag par 'gyur ba de ltar bcom ldan 'das kyis bshad du gsol | de skad ces gsol pa dang | bcom ldan 'das kyis tshe dang ldan pa shā ri'i bu la 'di skad ces bka' stsal to || shā ri'i bu legs so legs so || shā ri'i bu khyod de bzhin gshegs pa la don 'di zhu bar sems pa khyod yang legs so || shā ri'i bu de'i phyir khyod legs par rab tu nyon la yid la zung shig dang ngas khyod la bshad do || tshe dang ldan pa shā ri'i bus bcom ldan 'das de ltar 'tshal lo || de bzhin no zhes gsol te | bcom ldan 'das kyi ltar nyan pa dang | bcom ldan 'das kyis de la 'di skad ces bka' stsal to ||

《出生无边门陀罗尼经》(T. 19, no. 1009, 676a29-b18)

時舍利弗見大菩薩集會，即作是念：“我當於如來、應供、正遍知問如是義理。由聞如是隨應義理記别，於菩薩摩訶薩斷一切疑，速得無礙辯才智慧。於殑伽沙數佛土，於諸如來聽聞法要，聞已悉皆受持，乃至得無上菩提，於其中間所聞法要，念持不忘。菩薩有四清淨行法，何謂四法？有情清淨、法清淨、願清淨、佛土莊嚴功德清淨。得彼法已，有四種悦意法，身悦意、語悦意、心悦意、生悦意。得彼法已，能入四陀羅尼門，云何爲四？所謂入出生無盡陀羅尼門，入衆生根善巧陀羅尼門，入業報善巧無爲陀羅尼門，入甚深法忍陀羅尼門。”時舍利弗如是義理如前所説，決定思惟，廣爲世尊宣説：“唯願世尊所説義理法要，於諸菩薩修行得清淨。唯願世尊敷演説之。”如是説已，告舍利弗言：“善哉！善哉！舍利弗！汝能愍念多人安樂哀愍，謂多人利樂人天，汝能問如是義，汝當善聽，極善聽，思惟繫念，吾當爲説。”

背面

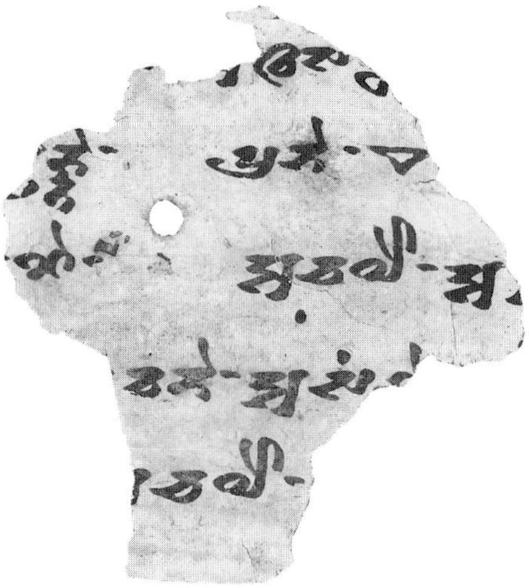

v /// + + .ukha sa .. + + ///

w /// [ru]kte・prabhe・e + + ///

x /// .. ṇe・○acale・a .. ///

y /// + .. vane・asaṃ .. + + ///

z /// + + .. cale・+ + + ///

Amdh(Tib) 247b2–9

shā ri'i bu 'di la byang chub sems dpa' sems dpa' chen po gang chos thams cad khas mi len cing 'dzin par mi byed pa des gzungs kyi gsang sngags kyi tshig 'di dag gzung bar bya'o ||

tadyathā | oṃ ane ane ane | mukhe mukhe mukhe | samantamukhe | jyotisaume satye satyā rāme | sautiyukte | nirukte | nirukte prabhe | hili hili | kalape | kalape sisāre | sāravati | buddhavati | hili hili | hile hile hile hile | hile hili | hilile | mahāhilile | hile tuṇḍe | caṇḍe caṇḍe | carā carāṇe | acale macale | anante | anantagate | anantamukhe | araṇe | nirmale | nirbhavane | nirvarttane | nirdānte | dharmadhare | nihāra nihāra | vimale viśodhane | śīlaviśodhane | prakṛti | dīvane | bhavane | bhava vibhavane | asaṃge | asaṃgavihare | dame | śame | vimale | vimalaprabhe | samākarṣaṇe | dhire | dhidhire | mahādhidhire | yaśo yaśovati | cale | acale | macale | samacale | ḍiḍhasana dhisu sthire | asaṃge | asaṃgavihare | asaṃganirhare | nirharavimale | nirharaviśodhane | ḍiḍhasome | sthire sthāma sthāmavati | mahāprabhe | samantaprabhe | vipulaprabhe | vipularasmi saṃbhave samantamukhe | sarvatānugate | anācchedye pritibhane | dhāraṇīnidhāne | dharmanidhāne | dharmanidhānagotre | samantabhadre | sarvatathāgatahṛdaya | adhiṣṭhāna adhiṣṭhite svāhā |

《出生无边门陀罗尼经》(T. 19, no. 1009, 676b19–c20)

時世尊告舍利弗:“菩薩摩訶薩於諸一切法不取不著,應當受持此真言陀羅尼句。

怛儞也(二合)他阿寧(尼經反一)阿嵠(二)麼嵠(三)目嵠(四)三曼多目嵠(五)素迷(六)婆底(丁以反)也囉迷(七)掃底欲訖低(二合八)儞嚕訖諦(二合九)儞儞嚕訖底(二合十)鉢囉(二合)陛(十一)呬黎(十二)呬里迦藺鞞藺鞞(二合十三)迦藺波(二合)私娑(引)黎(十四)娑囉嚩底(二合十五)呬黎(十六)呬黎(十七)呬黎(十八)呬黎(十九)呬黎(二十)呬黎(二十一)呬里(二十二)呬里黎(二十三)摩訶呬呬讚嬭(二十四)遮嚩泥(二十五)折囉(引)遮囉泥(二十六)阿折黎(二十七)麼折黎(二十八)阿難帝(二十九)阿難多蘖底(三十)阿囉儜(三十一)濕麼泥(三十二)濕嚩波泥(三十三)濕韈怛儜(三十四)濕彈帝(三十五)達磨馱嚟(三十六)儞(引)呵嚟(三十七)涅(寧逸反)呵黎(三十八)微麼黎(三十九)尸羅尾戍馱寧(四十)鉢囉(二合)訖哩(二合)底儞(引)波寧(四十一)皤(去)嚩尾皤嚩寧(四十二)阿僧蜺(四十三)阿僧俄尾呵嚟(四十四)娜迷(四十五)微麼黎(四十六)微麼羅鉢囉(二合)鞞(四十七)僧迦哩灑(二合)儞(四十八)地黎(四十九)地地嚟(五十)摩訶地地嚟(五十一)也世(五十二)也戍嚩底(五十三)者黎(五十四)阿者黎(五十五)麼者黎(五十六)三麼者黎(五十七)涅哩(二合)荼(上)散地(五十八)蘇悉體(聽以反)嚟(五十九)阿僧蜺(六十)阿僧誐微訶嚟阿僧誐涅哩(二合)呵(引)黎(六十一)儞(引)呵囉微麼黎(六十二)儞呵囉戍馱泥(六十三)涅哩(二合)荼蘇迷(六十四)迷體(二合)嚟(六十五)娑他(二合)迷(六十六)悉他(二合)麼韈底(六十七)麼訶鉢囉(二合)鞞(六十八)三曼多鉢囉(二合)陛(六十九)微補羅鉢囉(二合)陛(七十)微補羅囉濕迷(七十一)三曼多目嵠(七十二)薩嚩怛囉(二合引)努蘖低(七十三)阿那砌泥(七十四)馱囉抳(七十五)達磨儞馱那愚(于句反七十六)怛嚟(二合七十七)三曼多皤捺黎(二合七十八)薩嚩怛他蘖多地瑟咤(二合)那地瑟耻(二合)諦(七十九)娑嚩(二合)訶

大寒林圣难拏陀罗尼经
*Mahādaṇḍa-nāma-dhāraṇī

赛克勒博物馆临时编号 L 2012.0024

曾发表于 Guan 2014, Fragment 2

平行文本：Mhś 3.16–4.14

正面　第 69 叶

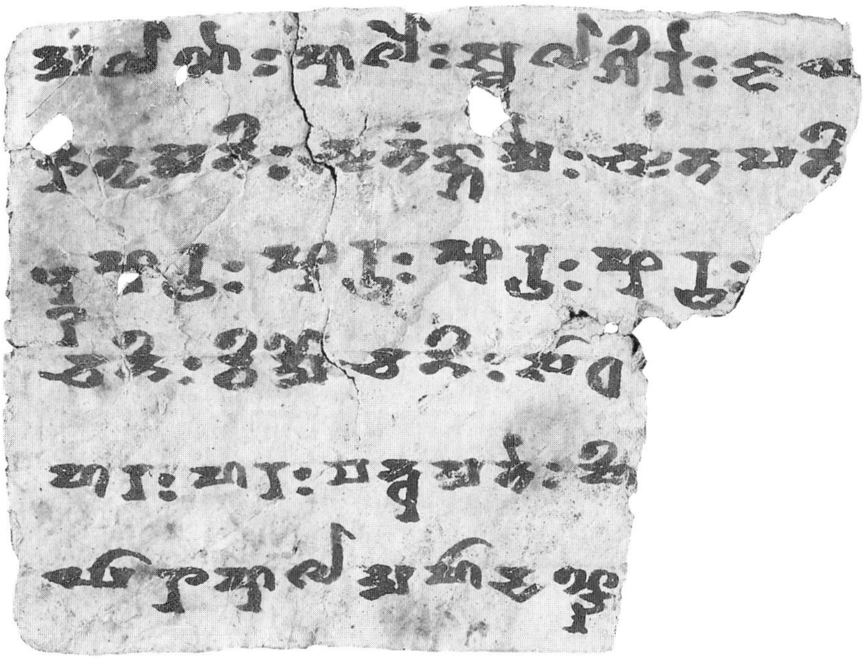

1 malaṇe : hule : sth[u]laśire : jay[a] + ///

2 k[e]tumati : bhūta{ṃ}ṅgame : bhūtapati ///

3 phuru : phuru : phuru : phuru : + + ///

4 cani : vimocani : sādha + + + + + ///

5 hara : hara : bandhumati : hi + + + + + ///

6 yā rāhula mahādaṇḍa + + + + + + + ///

Mhś 3.16–4.14

tadyathā | ilā milā utpalā | iramati viramati | halamati | lakṣamati | rakṣamati | kuru kuru mati | huru huru phuru phuru cara cara khara khara khuru khuru mati mati bhūmicaṇḍe | kālike | abhisaṃlāpite | samalate | hule sthūle | sthūlaśikhare | jaya sthūle | jayavate | vala naṭṭe | cara nāḍi culu nāḍi culu nāḍi vāgbandhanti | virohaṇi | sālohite | aṇḍare paṇḍare | karāle | kinnare | keyūre ketumati | bhūtaṃgame bhūtamati | dhanye maṅgalye | hiranyagarbhe | mahābale | avalokitamūle | acalacaṇḍe | dhurandhare jayālike jayāgorohiṇi | curu curu phuru phuru rundha rundha dhare dhare vidhare vidhare viṣkambhani | nāśani vināśani | bandhani | mokṣaṇi vimokṣani | mocani vimocani | mohani vimohani | bhāvani vibhāvani | śodhani sodhani saṃśodhani viśodhani | saṃkhiraṇi | saṃkiraṇi | saṃcchindani | sādhu turamāṇe | hara hara bandhumati | hiri hiri khiri khiri kharali | huru huru khuru khuru piṅgale namo 'stu buddhānāṃ bhagavatāṃ svāhā ||

asyāṃ khalu punā rāhula mahāśītavatīvidyāyāṃ daśottarapadaśatāyāṃ sūtre granthiṃ baddhvā

Mddh(Tib) 38a5–b2

tadyathā | ila mile | tasalā | iramati | viramati | calamati | phurumati | phuru phuru | phuru phuru | parakhururu | khuru mati bhūmimaṇḍe | kālike | caṇḍali | akisarāli | ayāsā | salamato | hule | sthūle | śale jaya | sthūle | calanāṭi | calanāṭi | nāganandhāraṇī | gorahiṇi | goletihe | aṇḍare | paṇḍare | keyūre | ketumati | bhūtaṃgame | bhūtavate | dharye | mahābale | acuṇḍe | acurunde | dharandhara | jayālikā | jalegorohani | cara | huru huru | ruṃdhu ruṃdhu | huru | dhumati | dharandhare dhare | viśvamati | nāśani | bhandhani | mocani vimocani | sādhani | śodhani | viśodhani | saṃgiraṇi | maṃthīraṇi | acchintani | pādhutaramale | tara tara maṇi | hara hara | bandhumati | hiri hiri | gilirile | huru huru | piṅgale svāhā |

sangs rgyas bcom ldan 'das rnams la phyag 'tshal lo || sgra gcan zin be con chen po'i gzungs gyi rig sngags brgya rtsa bcu pa 'di skud pa la mdud de |

《大寒林圣难拏陀罗尼经》(T. 21, no. 1392, 909a21–b18)

娑(引)麼曩帝(八十四)護(上)禮窣兔(二合)禮娑他(二合)攞始伽嚇(八十五)惹(引)野窣兔(二合引)禮(八十六)惹攞曩(引)孏(上八十七)祖魯曩(引)孏(上八十八)嚩(引)仡挽(二合無漢反)馱儞(八十九)尾嚕(去引)賀抳素(引)魯呬(上)帝(九十)阿拏(上)嚇(上)半拏(上)嚇(上九十一)迦囉(引)禮(九十二)緊曩嚇(上九十三)計庾嚇(上九十四)計都麼底(九十五)普蹬誐謎(九十六)普哆麼底歎儞曳(上二合)瞢(上)誐禮曳(九十七二合)麼賀(引)嚩攞(九十八)魯(引)呬多母(上)禮(九十九)阿搼魯抳(上一百)馱囉馱囉(引一百一)惹野(引)里計(一百二)惹野嬌(魚夭反)嚕(去引)賀抳(一百三)祖嚕祖嚕(一百四)嗡(盧恩反轉舌)馱嗡(准上)馱(一百五)普嚕普嚕(一百六)麌嚕麌嚕(一百七)詎(准前)嚕詎嚕(一百八)麼底麼底(一百九)滿(重呼)兔麼底(一百十)度(上)嗡(准上切)馱嚕馱㗚(一百十一)馱(上)嚇(上)馱(上)嚇(上一百十二)尾達嚇尾麼底尾瑟劍(二合)婆(去)禰(一百十三)曩(引)舍禰尾曩(引)舍禰(一百十四)滿(去重呼)馱禰謨(去引)乞叉(二合)抳(一百十五)尾謨(去引)搼禰(一百十六)謨(去引)賀禰

婆(去引)嚩禰(一百十七)戍(引)馱(去)禰僧(去)戍馱禰(去一百十八)尾戍(引)馱(去)禰(一百十九)僧(去)契(上)囉抳(一百二十)僧(去)髻囉禰(一百二十一)僧(去)瑳(引)娜禰(一百二十二)僧砌(上)那禰(一百二十三)娑(引去)度誃(上)嚕(一百二十四)麼(引)儞(上)麼(引)儞(上)賀囉賀囉(一百二十五)滿度麼底(一百二十六)呬哩呬哩(一百二十七)企哩企哩伽囉禮(一百二十八)護嚕護嚕(一百二十九)氷(去)誐禮(一百三十)曩謨(引)窣覩(二合)没馱(去引)喃(去)婆誐嚩蹬(引)娑嚩(二合引)賀(引一百三十一)

復次羅睺羅,此大明陀羅尼念誦之人。

背面

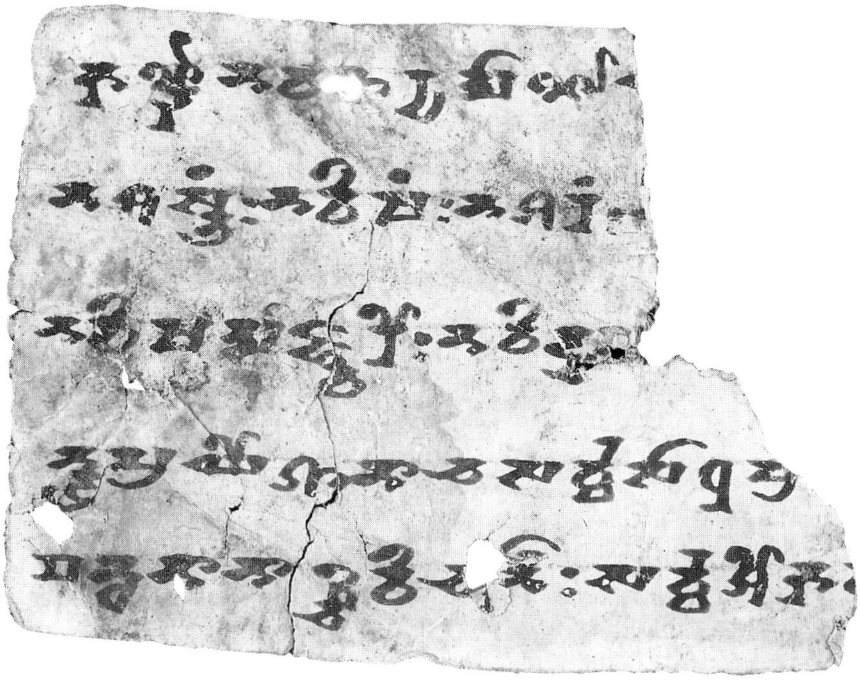

1 kaṇḍena (')vadhādamāṇā .. + + + + ///

2 na śastraṃ : na viṣaṃ : na śaraṃ : .. + + ///

3 na viṣam ajvaro : na vidy[ā] + + + + ///

4 ndraprayogānā<ṃ> ca sarvvasādhupra + + + ///

5 baddhanānāś ci vi<mo>canī : sarvvaśoka .. ///

Mhś 4.14–5.14

hastena dhāryamānāyāṃ kaṇṭhena dhāryamānāyāṃ samantād yajanaśatasya rakṣākṛtā bhaviṣyati | gandhair vā puṣpair vā mudrābhir vā naiva manuṣyo vāmanuṣyo vābhibhaviṣyati | na śastraṃ na viṣaṃ na rogo na jvaro na prajvaro na vidyāmantro na vetāḍaḥ | na vyādhinā nāgninā na viṣodakena kālaṃ kariṣyati | vidyāmantraprayogāṇāṃ ca sarveṣāṃ sādhuprayuktānāṃ cāsiddhānāṃ siddhakarī |

siddhānāṃ ca saṃkṣobhaṇī | paraprayuktānāṃ ca bandhanī | parabandhanānāṃ ca pramocanī | sarvarogaśokavighna vināyakānāṃ vināśanakarī | kalikalahakaluṣapraśamanakarī | yo graho na muñcet saptadhāsya sphuṭen mūrdhā arjakasyeva mañjarī | vajrapāṇiś cāsya mahāyakṣasenāpatir vajreṇādīptena prajvālitena ekajvālībhūtena tāvad vyāyacched yāvan mūrdhānaṃ sphoṭayet | catvāraś ca mahārājāno 'yomayena cakreṇa mūrdhānaṃ sphoṭayeyuḥ | kṣuradhārāprahāreṇa vināśayeyus tasmāc ca yakṣalokācyavanaṃ bhaveyuḥ | aḍakavatyāṃ rājadhānyāṃ na labhate vāsaṃ ||

Mddh(Tib) 38b2–5

lag pa la btags sam | mgul du btags na kun nas dpag tshad bcu khor yug tu be con rnams dang | me tag rnams dang | phyag rgya rnams kyis de bsrung ba byas par 'gyur ro || de la mi dang mi ma yin pa rnams kyis mi tshugs par 'gyur ro || mtshon dang | dug dang | nad dang | rims nad dang | rims drag po dang | rig sngags dang | gsang sngags dang | ro langs dang | khro gdum dang | me dang chus 'chi ba'i dus byed par mi 'gyur ro || rig sngags dang | gsang sngags sbyor ba rnams legs par sbyor ba thams cad kyis ma grub pa rnams kyang grub par byed pa'o || grub pa rnams chud mi za bar byed pa'o || pha rol gyi sbyor ba 'ching ba'o || pha rol gyis bcings pa las grol bar byed pa'o || nad dang | mya ngan dang | bgegs rnam par 'jig par byed pa'o ||

《大寒林圣难拏陀罗尼经》(T. 21, no. 1392, 909b18–25)

能以香花而作供養，及結印契，志心念誦一百八遍，結諸綫索，繫於手上，及安頸上，即得周遍百逾繕那，能爲擁護。人非人等，悉皆遠離。亦迺不被水火之所焚漂，刀杖、毒藥、瘧病、沴疾不能侵害，亦不中夭，尾怛拏病，及明咒術，誦此真言皆得安樂。若他繫縛，即得解脱一切災惱，言誦鬪諍，亦悉除滅。

内容不明残叶

一 （赛克勒博物馆临时编号 L 2012.0007）

A面

1 /// + [l]. kā sa ṣe + ///

2 /// + satvāni [tā] .. + ///

3 /// .. rthāsu vyaṃja[n]. ///

4 /// + + yāva[d]. .. + ///

5 /// + + + .. + + + ///

B面

w /// + + .. va[n]y. .. ///

x /// .ya evaṃ śa + ///

y /// [k](a)ruṇyāṃ yā ///

z /// .. thā ta + ///

二 （赛克勒博物馆临时编号L 2012.0011）

A面

1 nā[bh]i[n]i .. + ///

2 [n]i[śra]yā[dṛ] .. ///

3 [ś]ūnyatādṛ.i ///

4 [pa]ripūra[y]. ///

5 [ṇ]ihitajñā ///

6 .. [da]rśanaṃ .. ///

7 + + ... + ///

8 .u .. + + + + ///

9 śat* (ta)dya + ///

10 .i .i .. + + ///

B面

第339叶[①]

q .. .. .. + + ///

r ka [ba]dhaci + ///

s na .. .. + + ///

t .. + .. mau vārta + ///

u [bhi]kṣuṇīsaṃ .. ///

v lahabhaṇḍa[n](a) ///

w satvena mahā ///

x te bodhisa[tv]e[n]. ///

y tadyathā dā + + ///

z .i + + .. + + ///

① 字迹漫漶，释读的数字不确定。

三 （赛克勒博物馆临时编号 L 2012.0014）

A面

o /// + ... + + + + ///

p /// .. · ime su[bhūte] .. + + + ///

q /// dāya vartitavya .. + ///

r /// [sa]dā parivarjita .. + ///

s /// + .. tadyathā kulamā + ///

t /// + + .ā · ātmo[tka]rṣa .. ///

u /// + + .. bhūmau vartamā[ne] ///

v /// + + + mā vartamānena .. ///

w /// + + + [m]itā kṣānti(p)[ā] ///

x /// + + [ṣa]ḍ dharmā na [ka] + + ///

y /// + + .ā ca na kaṃ [cā] .. + ///

z /// + + ṣaḍ dharmaḥ [pa] .[i] + + ///

B面

1 /// + (ma)[hā]satvena .. + + ///

2 /// + + [ha] · jīvagrā .. + + ///

3 /// + + (n)āmarūpā[bhi] + ///

4 /// + + .. [m*] sarvadharme[ś ca] + ///

5 /// + + [rmā] niśrayādṛ(ṣṭ)[i] .. ///

6 /// + + .. ḥ dhi ime viṃśa .. ///

7 /// + + [me] viśan* tadyathā ///

8 /// + + [ś]uddhiḥ kāruṇyaṃ .. ///

9 /// + [de]śaḥ sarvadharma .. ///

10 /// ekanayanirde + ///

11 /// .. [t]. [paṃ] śamathavi + + ///

12 /// + .. .ṃ .. + + + + + ///

四 （赛克勒博物馆临时编号 L 2012.0015）

A面

v /// + + + .. .y. .. + + + ///

w /// .. v(i)haraṃtti・pāṃsu .. + + ///

x /// .. taiṣāṃ āyu<ḥ>kṣayo .. ///

y /// + ṭanāyāṃ ekakṣaṇaṃ ///

z /// .. m asya śuṣyet* śvitrī .ṃ ///

B面

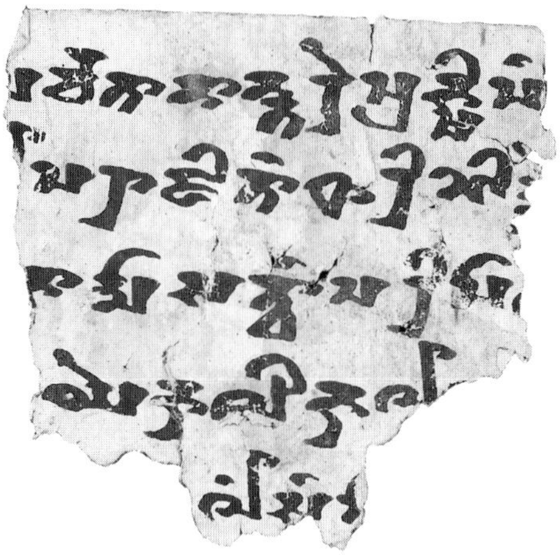

1 /// [s](a)rvatānāntare prakṣipaṃ .. ///

2 /// .(ā)parājitāṃ dhāriṇi .. ///

3 /// + [k]āmā satvāṃ paripā .. + ///

4 /// .. ye kalikala .. + + ///

5 /// + + + laṃ saṃ .. + + + ///

参考文献

1 Bendall, Cecil. 1897–1902. *Çikshāsamuccaya: A Compendium of Buddhistic Teaching*, Bibliotheca Buddhica no. 1, St. Petersburg. (Reprinted in Delhi: Motilal Banarsidass, 1971)

2 Guan Di. 2014. "Three Sanskrit Fragments Preserved in Arthur M. Sackler Museum of Peking University." *ARIRIAB* Vol. XVⅡ 17: 109–118.

3 Iwamoto, Yutaka. 1937. *Kleinere Dhāraṇī Texte*, Beiträge zur Indologie series no. 2, Kyoto.

4 Kern, H. & B. Nanjio. 1908–1912. *Saddharmapuṇḍarīkasūtram*, Bibliotheca Buddhica no. 10, St. Petersburg.

5 Kimura, Takayasu. 1986–2009. *Pañcaviṃśatisāhasrikā Prajñāpāramitā*, I-1, I-2, II-III, IV, V, VI-VIII. Tokyo: Sankibo Busshorin.

6 Lamotte, Étienne. 1965. *La Concentration de la marche héroique,* Bruxelles: Institut Belge des Hautes Études Chinoises. English translation by Sara Boin-Webb, *Śūraṃgamasamādhisūtra: The Concentration of Heroic Progress, an Early Mahayana Buddhist Scripture*, Richmond: Curzon Press in association with The Buddhist Society, 1998.

7 Samtani, N.H. 1971. *Arthaviniścaya-sūtra and Its Commentary (Nibandhana) [written by Bhikṣu Vīraśrīdatta of Śrī-Nālandāvihara]*, Tibetan Sanskrit Works Series no. 13, Patna.

8 Toda, Hirofumi. 1983. *Saddharmapuṇḍarīkasūtra, Central Asian Manuscripts, Romanized Text.* 2nd ed. Tokushima: Kyoiku Shuppan Center.